생명공학에 대한 생명신학적 비판

생명공학에 대한 생명신학적 비판

김두흠 지음

한국학술정보(주)

▌서문

목회 경륜이 쌓일수록 모자람과 부족함을 실감하면서 더 좋은 목회를 생각하게 되었고 그것이 본서와 연결되었습니다. 지금까지 인도해주신 주님께 영광과 감사를 드립니다.

예수 그리스도는 어제나 오늘이나 영원토록 동일하시니라 (히 13:8)

본서는 성서의 생명 개념을 정의하고 그 결과에 근거하여 현재 대두되고 있는 생명공학, 특히 유전자 조작 식품의 문제를 재고·평가하는 것이다.

생명공학의 비약적 발전의 문제에 직면하여 생명의 문제를 보다 더 심도 있게 반성해 보자는 것이다. 생명공학이라는 최첨단 인간 욕망의 작품 중 하나인 유전자 조작 식품은 방관할 수 없는 지경에 이르고 있다. 그래서 늘 먹는 식품이 유전자 조작 식품에 점령당하고 몸이 죽어가고 있는데도 영혼 구원에만 급급한 것이 우리 교회의 실정 아닌가? 이런 시점에서 한국 교회는 생명의 문제를 여러 각도에서 한번 반성해 볼 필요가 있다.

나아가 서구의 철학과 신학의 잘못된 생명관이 미치는 영향은 모든 분야에서 이루 말할 수가 없다. 자연에 속한 인간이 자연과 더불어 살면서 하나님의 본질적 속성인 생명을 살리고, 생명을 세워 하나님의 "샬롬"이 넘치는 세상을 실현하는 방법을 모색하고자 한다.

제1장 서론은 오늘 이 시대 생명위기의 절박한 현실에서 본서의 연구 개요를 보여준다.

제2장에서는 성서에 나타난 생명신학을 먼저 논하고 생명신학의 출현 배경, 신구약의 생명신학, 생명개념의 신학적 반전(계약전통, 성례전 전통, 희년 사상)을 다룬다.

현대 과학에서 생명의 정의를 다룰 때에는 구약 창세기 1장 31절 하나님의 "심히 좋으심"에서 추론할 것이다. 또한 생명현상을 바라보는 신학적 패러다임의 변화(창조, 죄, 초월성, 먹고사는 인간, 종말 등) 다섯 가지를 다룬다. 특히 여기서는 오늘날 현실의 잘못된 시각을 수정하고, 먹고사는 인간을 강조하면서 단일체로서 온갖 피조물과 더불어 살아야 하는 인간을 다룬다.

제3장에서는 유전자 조작 식품에 나타난 현대 사상적 배경을 알아보며 농산물의 유전자 조작이 어떤 영향을 미치고 있는지를 살펴보고 그 문제점 특히 이원론을 지적하고자 한다.

제4장에서는 생명공학의 구성원리인 탈육체성과 유전자 조작 식품과 그 정의 문제, 생명공학의 생태계 파괴의 가중 등을 생명신학으로 비판하고자 한다.

이 지구상에는 수백만 종이 넘는 생명체가 살아가고 있다. 생태계 법칙 중 가장 중요한 법칙의 하나는 아무도 혼자 살 수 없다는 것이다. 먹이그물 파괴의 생명 위기는 생명그물의 파괴요, 이것을 다시 살리는 것이 생명현상이요, 생명운동이다. 이로써 생명을 중심으로 한 가치관의 전환이 필요하다. 생명공학을 생명신학의 논의로 꽃피어나는 풍요로운 생명을 위한 과학으로 만들기 위하여, 하나님의 형상이 어우러지지 않은 어지러운 생명에 하나님의 생령이 가해지길 바라서 논하고자 한다.

생명공학(유전자 조작 식품)에 대한 생명신학적 비판에 대해서는 감리교신학대학교 이정배 교수가 2001년 2월 기독교 사상 「생명공학 우주론의 신학의 문제점」에서 논의하고 있으나 일반적인 생명공학 문제를 신학적으로 비판하고 있어 유전자 조작 식품에 대해서는 거의 언급하지 않는다.

서울대학교 환경대학원 석사학위 논문인 「유전자 변형 생물체 및 식품의 안전성에 관한 담론」을 통하여 허남혁은 유전자 조작의 철학적 모순은 일부 다루나 신학적인 문제는 다루지 않는다. 그러나 현실 속에서 식품의 안전성이라는 논제로서 대응 방향을 제시하고 있다.

농어촌사회문제연구소 권영근 소장은 유전자 조작 농산물의 위험성과 생명운동을 『위험한 미래』와 『기독교사상』 2001년 2월호에서 다루면서 유기농을 권고하고 있다.

본서는 성서의 생명신학적 관점에서 생명공학인 유전자 조작 식품을 상세히 다루면서 생명공학을 비판하고자 하기에 기존 연구와 크게 차별화되며 이런 점에서 생명공학의 문제나 생명담론에 크게 기여할 것으로 믿는다.

본서의 출판을 위해 많은 수고를 아끼지 않으신 한국학술정보(주) 채종준 사장님과 강태우 선생님, 그리고 바쁘신 중에도 성심으로 수고해 주신 한만봉 총장님께 감사를 드린다.

생명공학에 대한 생명신학적 비판

　최근 미국에서는 '유전자 선택'이 사회적 이슈로 윤리논쟁을 야기하고 있다. 사연인즉 '팬코니 빈혈증'을 앓고 있는 딸 '몰리'(6세)를 치료하기 위해 리사와 잭 부부는 자신들의 수정란을 유전자 검사하여 팬코니 빈혈 유전자가 없으면서도 몰리의 체질과 일치하는 수정란을 선택하여 자궁에 착상시켜 아들 '애덤'을 얻었다. 팬코니 빈혈증은 출혈과 면역체계 장애 등 심각한 문제를 일으키기 때문에 이 병을 앓고 있는 아이는 백혈병 등 합병증으로 7살까지밖에 살지 못하는 유전병의 일종이다. 이 병의 유일한 치료법은 팬코니 빈혈 유전자를 보유하지 않은 건강한 사람의 세포를 이 아이의 골수에 이식하는 것뿐이다. 그래서 리사 부부는 유전자 검사를 통해 애덤을 얻었고, 애덤의 탯줄 혈액세포를 누나 몰리의 골수에 이식한 것이다. 완치 확률은 80～90%에 달한다.

　미국뿐 아니라 프랑스에서도 유전자 선택에 의한 맞춤아기가 태어났다. 물론 이 사례는 다양한 관점에서 분석할 수 있다. 어떻게 해서 이러한 유전자 선택이 가능하게 되었는가, 유전자 선택의 의학적 유용성은 무엇인가, 이런 의술의 경제적 가치는 얼마인가 등등의 물음 역시 일반인의 관심사가 아닐 수 없다. 그러나 기독교인으로서 우리는 다음과 같은 질문을 던지지 않을 수 없다. 만약 기독교인인 내가 몰리의 부모라면 어떻게 했을까? 내가 리사와 잭 부부의 담당 의사라면 이러한 유전자 선택을 통해 애덤을 낳는 것을 도와주었을까? 만약 목회자인 나에게 몰리 부모가 이러한 상담을 의뢰하였다면, 나는 몰리 부모에게 어떤 권면의 말을 하였을까? 이 모든 물음의 바탕에는 성경의 관점에서 이러한 생명과학 기술을 어떻게 볼 것인가의 물음이 자리 잡고 있다. 왜냐하면 이런 의술이 가능하게 된 것은 근본적으로 생명과학과 의학의 눈부신 발전 덕택이기 때문이다.

생명과학의 현주소

생명과학은 말 그대로 이제까지 신의 영역으로 간주되어 온 생명 현상을 과학적으로 해명하겠다는 야심찬 학문이다. 인간은 진시황의 장수 욕구에 버금갈 정도로 수명 연장과 건강에 대한 무제한의 욕구를 지니고 있는데, 이 욕구는 오직 생명 현상을 신의 손에서 인간의 손으로 가져올 경우에만 충족되기 때문에 세계 석학들은 생명과학에 혼신의 힘을 기울이고 있다. 금년에 완성된 '인간 게놈 프로젝트(Human Genome Project)'는 바로 이러한 바람이 현실로 나타난 것이다. 게놈 프로젝트는 생명의 책으로 알려진 10만 개에 달하는 인간 유전자의 지도를 그리는 작업이다. 사실 유전자 지도 자체는 하나의 과학적 발견에 해당되는 것으로 특별한 의미를 지니지 못한다. 하지만 유전자 지도가 그려진 다음 소위 '포스트게놈 프로젝트(Post-genome Project)'를 통해 각 유전자의 기능, 즉 어떤 유전자가 어떤 단백질이나 효소를 형성하는지, 암과 관련된 유전자가 어떤 것인지 등 각 유전자의 모든 기능이 밝혀질 경우 정말로 '유전자가 세상을 바꾸는' 시대가 도래할지 모른다.

그것은 바로 유전자가 특별한 의미를 지니기 때문이다. 물론 유전자가 인간의 모든 삶을 100% 결정한다는 유전자 결정론(genetic determinism)이나 인간의 신체적·정신적 모든 현상을 유전자로 환원하여 설명할 수 있다는 환원주의(reductionism)는 참이 아니다. 하지만 유전자가 하나의 잠재태로서 인간의 신체적 조건, 질병, 정신적 능력 등과 밀접하게 연관되어 있다는 점은 부인할 수 없는 하나의 '과학적 사실'이다. 유전자는 마치 씨앗에 비유될 수 있다. 예를 들어, 콩 씨앗을 심었다고 해서 곧바로 콩 열매가 맺히는 것은 아니다. 온도, 수분, 퇴비, 햇빛 등 적절한 환경 조건이 맞아떨어져야 콩 씨앗으로부터 콩 열매가 맺히듯이, 인간 유전자 역시 이와 마찬가지이다. 즉, 간암 유발 유전자를 보균한다고 해서 그 사람이 곧바로 간암에 걸리는 것은 절대로 아니다. 간암 유발에는 유전적 요인뿐만 아니라 환경적 요인과 심리적 요인이 모두 필요하기 때문이다.

하지만 콩 심은 데서 우리는 팥 열매가 맺히기를 기대할 수 없는 것과 마찬가지로, 인간 유전자 지도에 없는 것이 인간에게 발현될 수는 없다. 유전자가 청사진에 비유되는 데서 알 수 있듯이 인간은 수정 순간 부모로부터 얻는 유전자 속에 미래 발전의 모습이 어느 정도 그려져 있는 것이 사실이다. 그래서 유전자는 일종의 '미래 일기(future diary)'에 해당된다. 즉, 한 개인의 유전정보는 그 개인의 현재 상태뿐만 아니라 미래의 질병이나 자질까지 어느 정도 담고 있다. 지금까지는 인간의 어느 유전자가 어떤 질병을 야기하는지 혹은 키나 몸무게를 결정하는 유전자가 무엇인지 몰랐지만 이제 이 모든 것이 과학적으로 밝혀지고 있는 셈이다. 바로 이러한 생명과학 기술 덕택에 몰리 부모는 팬코니 빈혈 유전자를 보유하지 않은 수정란을 자궁에 착상시킬 수 있게 된 것이다. 이는 분명 과학기술의 쾌거요, 질병치료의 획기적인 사건이라 아니 할 수 없다.

인간 게놈 연구는 최근의 일이지만 이미 다른 생명체의 유전자를 연구하여 각종 쾌거를 이루고 있다. 생명과학 기술을 바탕으로 생물체의 기능과 정보를 활용하여 인류가 필요로 하는 유용 물질과 서비스를 생산하는 '생물산업(Bio-industry)'이 21세기를 이끌어 갈 것이라고 학자들은 예측하고 있다. 바다에 유출된 기름띠를 제거하는 생물 해양 산업이나 성장 호르몬 등의 의약품 개발, 또 요즈음 자주 듣는 '유전자 변형식품(GMO)' 등이 모두 생명과학 기술을 산업에 응용한 것이다. 그래서 벤처 기업가들은 생물산업을 굴뚝 없는 고부가가치 산업으로 여기고 있다. 이러한 산업적 응용뿐만 아니라 인구에 회자되고 있는 인간복제, 유전자 선택, 유전자 치료 등 역시 생명과학의 눈부신 발전에 기인한다. 특히 유전자를 이용하여 질병을 예방 내지 치료하는 학문을 유전의학이라 한다.

생명과학의 또 다른 얼굴

이처럼 생명과학은 현실적으로 인간에게 상당한 혜택을 주고 있다는 점을 우리는 부인할 수 없다. 그래서 식량난 해결이나 질병치료와 같은 고상한 목적을 들어 생명과학 육성을 주장하는 학자들이 많다. 하지만 다른 과학기술과 달리 생명과학은 생명을 과학적으로 다룬다는 점에서 또 다른 사회적·윤리적·신학적 물음을 야기하고 있다. 왜냐하면 이제까지 과학기술은 생명체가 살아가는 삶의 환경을 물리적·화학적으로 바꾸어 놓은 반면에, 생명과학 기술은 생명체 자체를 바꾸거나 새로운 생명체를 '창조'하고 있기 때문이다. 예를 들어, 인터넷은 새로운 통신 및 정보획득 수단이란 새로운 환경을 우리에게 제공하였다. 반면에, 유전공학은 한 생명체의 유전자 자체를 바꾸어 그 생명체가 새로운 특성을 갖게끔 만들고 있다. 그 단적인 예가 바로 우리 식탁에 오르고 있는 유전자 변형 콩이다. 이 콩은 우리에게 익숙한 그런 콩이 아니라 유전자가 조작된 그래서 새로운 유전자를 지닌 콩이다. 그러니까 생명과학은 인간에게 편리하도록 생명체의 유전자를 조작 내지 변형하는 것을 그 목표로 하고 있다. 이런 의미에서 생명과학은 근본적으로 새로운 유전자를 지닌 생명체를 만들어내는 돌연변이 유포 기술이다.

돌연변이 기술이기 때문에 새로운 유전자를 지닌 생명체가 우리 자연환경에 방출될 경우 생태계 및 인체에 어떤 영향을 미칠지 아무도 모른다. 이에 대해 과학자들은 인체 및 생태계에 위해하다는 과학적 증거가 없는 한 유전자 변형 동식물 및 식품은 허용되어야 한다고 주장한다. 반면에 시민단체를 비롯하여 생명윤리학자들은 인체 및 생태계에 무해하다는 것이 과학적으로 밝혀지기 전에는 이런 과학기술을 이용해서는 안 된다고 주장한다. 왜냐하면 생태계나 인간 생명 및 건강은 일단 한 번 파괴되고 나면 더 이상 되돌릴 수 없는 특성을 지니기 때문에, 생명과학 기술을 이용한 생명체의 유전자 변형은 사전예 방원칙에 충실해야 하기 때문이다. 지금 여기서 아무런 악영향을 미치지 않는 유전자 변형 생물체가 시간이 흐른 다음 혹은 다른 환경하에서는 얼마든지 유해할 수 있다. 왜냐하면 생명체의 유전자는 환경에 따라, 또 시간의 경과에 따라 발현되는 현상이나 정도가 다르기 때문이다.

생명 조작 현상은 동식물에 국한되지 않고 인간에까지 확대되고 있다. 인간 게놈 프로젝트는 바로 인간 생명을 조작할 수 있는 단초를 제공하고 있다. 유전자 지도가 그려지고, 각 유전자의 기능이 밝혀지고, 나아가 이를 변형 내지 조작할 수 있는 기술을 터득하게 되면 인간은 원하는 대로 인간 자체를 마음대로 만들어낼 수 있기 때문이다. 서두의 리사와 잭 부부는 바로 현대의 이러한 생명과학 의술을 이용하여 자기 딸 몰리의 생명을 구할 수 있게 된 것이다. 이를 두고 언론은 왜 '맞춤아기 탄생'이라고 보도하는 것일까? 그것은 바로 이제까지 자식은 부모가 낳았지만 자식의 유전자는 부모도 어떻게 할 수 없는 '신비'의 영역이었는데 이 신비의 세계를 생명과학의 힘을 빌려 인간의 손으로 가져왔기 때문이다.

물론 이러한 유전의학은 질병 예방 및 치료에 도움을 줄 수 있다. 하지만 우리는 묻지 않을 수 없다. 생명과학 기술을 이렇게 이용하는 것이 바람직한가? 왜냐하면 이런 변화는 인간의 의도적인 손에 의해 이루어지는데, 문제는 변화 자체가 아니라 변화의 방향이기 때문이다. 즉, 유전체 연구를 통해 얻어진 유전정보나 유전자 선택 혹은 유전자 치료술은 '깨끗한 손'에 의해 선하게 이용될 수 있는 반면에 '더러운 손'에 의해 얼마든지 악하게 이용될 수 있기 때문이다. 기독교인으로 우리는 한 차원 높은 질문을 제기하게 된다. 과연 우리 인간은 유전자를 올바르게 선택하거나 조작할 수 있는가? 왜냐하면 생명과학은 질병 치료 차원을 넘어서 자질 함양을 위한 우생학적인 목적에도 얼마든지 이용될 수 있기 때문이다. 실제로 일부 학자들은 성형수술의 자유를 내세워, 개인은 키, 몸매와 같은 신체적 조건뿐만 아니라 아이큐와 같은 정신적 능력의 함양을 위해서도 '유전자 성형수술'을 할 자유를 지닌다고 주장한다.

하나님의 주권, 청지기직 그리고 이웃 사랑

생명체에 대한 조작이나 창조는 성경의 가르침에 어긋나지 않는가? 생명과학의 발전에 우리 기독교인의 반응은 크게 보면 3가지로 압축된다. 대부분의 기독교인들은 이에 대해 무관심하다. 다시 말해, 이런 물음을 신앙과 상관없는 '세상적인' 물음으로 치부하는 사람들이 의외로 많다. 두 번째 부류는 인간복제, 유전자 변형식품, 인간 게놈 프로젝트, 유전자 선택 등은 기독교 신앙과 정면으로 대치된다는 굳은 신념하에, 폭력도 불사하는 사람들이다. 세 번째 부류의 사람들은 생명과학의 발전은 하나님이 인간에게 준 선물이기에 무한히 발전시켜야 한다고 주장한다. 이런 상반된 세 입장 가운데 우리 기독교인은 어떤 태도를 취해야 할까? 하나님의 문화명령(창 1:27 - 28)이나 인간의 모든 활동은 하나님을 영화롭게 해야 한다는 바울 사도의 가르침(고전 10:31)에 따른다면, 생명과학을 신앙과 무관한 것으로 치부하는 첫 번째 입장을 받아들이기는 어려울 것이다. 왜냐하면 생명과학 역시 문화 활동의 하나이기 때문이다. 특히 기독교는 생명의 종교이기 때문에, 인간 생명을 좌우하는 생명과학과 의학의 발전에 예민할 수밖에 없다.

무엇보다 우리는 생명과학을 성경의 관점에서 조명해 보아야 할 것이다. 개혁주의 신앙은 하나님의 주권에 그 바탕을 두고 있다. 따라서 우리의 물음 역시 이러한 생명과학 기술이 과연 하나님의 주권에 반하는지 아니면 부합하는지의 물음을 묻지 않을 수 없다. 이를 위해 우리 기독교인은 생명과학 및 그 기술의 특성을 탐구하는 열린 마음이 필요하며, 그리고 나서 그 속에 함축된 윤리적·신학적 물음을 파헤쳐 그것을 성경의 관점에서 해명하는 작업이 요구된다. 사실 성경은 생명의 주관자는 하나님임을 공표하고 있다. 이를 근거로 우리는 반생명과학 운동을 부르짖을 수 있다. 하지만 이렇게 되면 파킨슨씨병 등 유전병을 앓고 있는 환자에 대한 치료의 길이 막히게 된다. 그런데 성경은 다른 한편에서 질병 치료나 다른 사람에 대한 선행을 이웃 사랑으로 적극 명하고 있다. 공생애 취임설교에서 예수님은 이사야 61장 1절을 인용하면서 이 땅에 오신 목적 중 하나가 질병 치유임을 밝히고 있으며(눅 4:18), 예수님의 3대 주요 활동 가운데 하나 역시 질병의 치유이다(마 4:23). 생명과학의 의학적 이용은 바로 예수님의 이러한 마음을 충실히 수행하고 있지 않은가? 따라서 생명과학을 전면적으로 부인하는 반생명과학 운동은 성경적이라 보기 어렵다.

하지만 생명과학의 모든 것을 무조건 수용할 수만도 없다. 성경의 창조 기사에 따르면 하나님께서는 모든 '생물을 그 종류대로'(창 1:24 - 25) 창조하셨기 때문이다. 여기서 '종류'란 단어를 어떻게 해석하느냐에 따라 생명과학에 대한 기독교적 평가는 달라질 것이다. 하지만 적어도 생명과학 기술을 이용하여 새로운 종을 만드는 유전자 조작 행위는 분명 하나님의 주권에 대한 도전이다. 뿐만 아니라 자질을 함양하기 위해 우생학적인 목적으로 생명과학 기술을 이용하는 것 역시 그 이면에는 하나님과 같이 되고자 하는 '이브' 내지 '바벨탑'의 교만이 자리 잡고 있다고 여겨진다. 지금도 인간은 하나님 보시기에 '좋게' 창조되고 있다.

하지만 유전적 결함으로 능력이나 자질이 부족한 사람들의 신음을 외면한 채 우생학을 목적으로 한 유전자 선택이나 간섭이 하나님의 주권을 침해한다고 이러한 의술을 받는 기독교인이나 혹은 행하는 의사를 우리가 비난할 수 있는가? 물론 성경에 따르면 이는 하나님의 주권을 넘어선 '하나님 놀이(playing God)'에 해당된다. 하지만 기독교인으로서, 그리고 교회적인 차원에서 이들의 아픔을 사랑으로 감싸안기는커녕 오히려 하나님의 저주를 받았다고 외면한다면, 목회 윤리의 차원에서 이는 결코 바람직하다고 말할 수 없을 것이다. 생명과학 기술이 성경의 테두리 내에서 활용되기 위해 먼저 우리 기독교인이, 그리고 우리 교회가 하나님의 율법이 아니라 '지극히 작은 자', '잃어버린 자'를 더 사랑하시는 예수님의 사랑이 회복되어야 할 것이다.

성경은 하나님 놀이에서 벗어나 하나님의 주권을 겸손히 인정하는 청지기 직분을 요구하지만, 현실은 그 반대의 방향으로 흐르고 있다는 데 문제의 심각성이 도사리고 있다. 즉, 과학자는 과학의 논리에 빠져, "할 수 있으면 해도 좋다"는 명제를 하나의 규범으로 받아들인다. 그래서 과학자들은 '현재적 이익'을 강조하는 반면에 '설마 그런 일이' 하면서 '잠재적 위험'을 외면하고 있다. 윤리학적 사회학적 신학적 성찰 없는 생명과학 연구 및 이용은 생명을 살리는 과학이 아니라 생명을 파괴하는 과학이 될 것이며, '게놈'은 '개놈'이 되어 인간

사회를 갈기갈기 찢어놓을 수도 있다. 따라서 생명과학의 안전 및 윤리에 관한 법률 제정이 시급하며, 무엇보다 생명과학자들에 대한 생명윤리 교육이 선행되어야 한다. 또한 생명의 종교인 기독교 역시 이를 세상의 일로 외면할 것이 아니라 학문적으로 탐구하고 그 활용의 한계를 제안할 수 있는 성숙된 자세가 요구된다. 이러한 관점에서 본서는 성경적 입장에서 유전자에 그 중심을 두고 생명공학 문제를 다루었다.

▍차례

제 1 장

◆
·
◆

서　론

1. 연구 동기와 목적

본서의 목적은 먼저 성서의 생명 개념을 정의하고 그 결과에 근거하여 현재 대두되고 있는 생명공학 특히 유전자 조작 식품의 문제를 재고 · 평가하는 것이다.

본서의 출발 동기는 생명공학의 비약적 발전의 문제에 직면하여 생명의 문제를 보다 더 심도 있게 반성해 보자는 것이다. 생명공학이라는 최첨단 인간 욕망의 작품 중 하나인 유전자 조작 식품은 방관할 수 없는 지경에 이르고 있다. 그래서 늘 먹는 식품이 유전자 조작 식품에 점령당하고 몸이 죽어가고 있는데도 영혼 구원에만 급급한 것이 우리 교회의 실정아닌가? 이런 시점에서 한국 교회는 생명의 문제를 여러 각도에서 한번 반성해 볼 필요가 있다.

나아가 서구의 철학과 신학의 잘못된 생명관이 미치는 영향은 모든 분야에서 이루 말할 수가 없다. 자연에 속한 인간이 자연과 더불어 살면서 하나님의 본질적 속성인 생명을 살리고, 생명을 세워 하나님의 "샬롬(שלום)"이 넘치는 세상을 실현하는 방법을 모색하고자 한다.

2. 연구 내용과 범위

오늘 이 시대 생명위기의 절박한 현실에서 본서는 선행 연구 자료 (단행본, 논문, 정기간행물 등)를 참고하여 다음과 같이 전개될 것이다.

제2장에서는 성서에 나타난 생명신학을 먼저 연구한다. 생명신학의 출현 배경, 신구약의 생명신학, 생명개념의 신학적 발전(계약 전통, 성례전 전통, 희년 사상)을 먼저 다룬다. 현대 과학에서 생명의 정의를 다룰 때에는 구약 창세기 1장 31절 하나님의 "심히 좋으심"(מאד טוב; 토브 메오드)에서 그 정의를 추론할 것이다. 또한 생명현상을 바라보는 신학적 패러다임의 변화(창조, 죄, 초월성, 먹고사는 인간, 종말 등) 다섯 가지를 다룬다. 특히 여기서는 오늘날 현실에 잘못된 시각을 수정하고, 먹고사는 인간을 강조하면서 단일체로서 온갖 피조물과 더불어 살아야 하는 인간을 다룬다.

제3장에서는 유전자 조작 식품에 나타난 현대 사상적 배경을 알아보며 농산물의 유전자 조작이 어떤 영향을 미치고 있는지를 살펴보고 그 문제점 특히 이원론을 지적하고자 한다.

제4장에서는 생명공학의 구성 원리인 탈육체성과 유전자 조작 식품과 그 정의 문제, 생명공학의 생태계 파괴의 가중 등을 생명신학으로 비판하고자 한다.

이 지구상에는 수백만 종이 넘는 생명체가 살아가고 있다. 생태계 법칙 중 가장 중요한 법칙의 하나는 아무도 혼자 살 수 없다는 것이다. 먹이그물 파괴의 생명 위기는 생명그물의 파괴요, 이것을 다시 살리는 것이 생명현상이요, 생명운동이다. 이로써 생명을 중심으로 한 가치관의 전환이 필요하다.[1] 생명신학의 논의로 꽃피어나는 풍요로운 생명을 위한 과학으로 만들기 위하여, 하나님의 형상이 어우러지지 않은 어지러운 생명에 하나님의 생령이 가해지길 바라서 연구하는 바이다.

3. 연구사 개요

생명공학(유전자 조작 식품)에 대한 생명신학적 비판에 대해서는 감리교신학대학교 이정배 교수가 2001년 2월 기독교 사상 「생명공학 우주론의 신학의 문제점」에서 논의하고 있으나 일반적인 생명공학 문제를 신학적으로 비판하고 있어 유전자 조작 식품에 대해서는 거의 언급하지 않는다.

서울대 환경 대학원 석사학위 논문인 「유전자 변형 생물체 및 식품의 안전성에 관한 담론」을 통하여 허남혁은 유전자 조작의 철학적 모순은 일부 다루나 신학적인 문제는 다루지 않는다. 그러나 현실 속에서 식품의 안전성이라는 논제로서 대응 방향을 제시하고 있다.

농어촌사회문제연구소 권영근 소장은 유전자 조작 농산물의 위험성과 생명운동을 『위험한 미래』[2]와 『기독교사상』[3] 2001년 2월호에서 다루면서 유기농을 권고하고 있다.

---

1 정홍규, 『생명을 하늘처럼』 (서울: 성바오로출판사, 1993), p.11.
2 권영근 편, 『위험한미래』 (서울: 당대, 2000).
3 권영근, 「유전자 조작 농산물의 위험성과 생명운동」, 『기독교 사상』 제506호, (2001.2), pp.48-70.

본서는 성서의 생명신학적 관점에서 생명공학인 유전자 조작 식품을 상세히 다루면서 생명공학을 비판하고자 하기에 기존의 연구와 크게 차별화되며 이런 점에서 생명공학의 문제나 생명담론에 크게 기여할 것으로 믿는다.

제 2 장

◆
◆
◆

성서에 나타난 생명신학

1. 생명신학의 출현배경

한국에서 생명에 대한 관심과 논의는 1970년 4월에 함석헌 선생이 "씨올의 소리"를 창간하고 씨올 사상을 펼침으로써 시작되었다고 볼 수 있다. 1980년대에는 김지하 시인이 동학과 증산교의 생명사상을 신과학 운동과 결합시키면서 시적 상상력과 열정을 바탕으로 생명 담론을 이끌어 왔다.[4]

왜 1990년대에 와서 생명이 세계적인 관심사가 되었는가? 제2차 세계대전 후 인간의 역사와 진보와 평등성과 포괄성에 중심 가치를 두고 가속화하였다. 창조 세계는 자연으로만 축소되고 진보와 평등성을 실현해 줄 것만 같은 과학적 기대감으로 신학자들은 인간이 자연 위에 군림하는 것을 당연시하였다. 60년대 후반 지구화의 도구적 운영에서 파생된 생명파괴의 위협이 점증하고 있음을 목격하고 지구화에 대한 환상이 깨어진다. 제3세계의 주변화 문제가 지구화의 역기능의 주요 예가 되었다. 이는 평등성, 진보, 포괄성 등에 위배되는 것이었

---

4 박재순, 『한국생명 신학의 모색』 (천안: 한국신학연구소, 2000), pp.3 - 5.

다. 가난하고 힘없는 자들의 상황은 종교적으로나 윤리적으로나 있을 수 없는 일이라는 각성이 일어나 신학자들은 사회 정의에 눈을 뜨게 되었다. 그 후 70년대 접어들어 해방신학, 여성신학, 원주민신학, 민중신학 등등 사회 정의에 가치를 내걸었다.[5]

1980년대 창조 세계에 더 큰 관심을 기울이게 되었다. 후반에 창조의 보전 문제는 정의 평화의 그늘을 벗어나 독자적인 구심점을 확보해 나가 세계교회협의회는 창조신학을 강조하기 시작했다. 1990년 세계교회협의회(WCC)는 서울에서 정의, 평화, 창조질서의 보전(J. P. IC)국제대회를 가졌고 여기서 창조 안에서 인간 역할의 독특성과 더불어 인간은 하나님 형상으로 창조되었다는 사실을 재확인했다. 이것을 계기로 생태학적 관심은 세계교회협의회의 지상 명령의 하나가 되었다.

1991년 제7차 세계교회협의회 총회의 표어는 "성령이여 오소서 - 온 창창조세계를 새롭게 하소서!"였고 그 첫 부제는 '생명의 수여자여 - 당신의 창조세계를 보전하소서!'였다. 여기서 창조와 성령의 관계를 분명히 하였다. 성령은 창조세계를 관통하고 있는 하나님의 피조되지 않은 에너지로서 이 신적 생명에너지 속에 모든 창조물이 살고, 움직이고, 존재를 갖는다고 하였다. 생물과 무생물, 인간과 비인간 사이의 간격을 비판하면서 모두가 생명의 다발 속에서 함께 영의 권능 안에서 예수 그리스도를 통해 모든 깃이 온전한 구속을 기다리며 '고통으로 신음한다(롬 8장)'라고 천명하였다. 1992년 이러한 세계교회의 노력과 세계 사회의 생태계 보전에 대한, 점증하는 필요성 때문에 비정부 단체들은 '지구포럼 '92'를 유엔은 '지구정상회의' 또는 유엔 환경개발 회의를 브라질 리우데자네이루에서 갖게 되었다. 세계교회는 세

---

5 선순화, 『공명하는 생명신학』 (서울: 다산글방, 1999), p.157.

계 기구와 각 정부가 지구 정상화의 결과를 실천할 때 강력한 국제적 영향력을 미치도록 촉구하게 되었다. 세계교회협의회(WCC)는 1993년부터 생명신학 연구 프로그램을 진행시켰다. 생명신학은 진보와 평등성이라는 지구적 가치에다 삶의 질 또는 지속 '가능성'이라는 가치를 하나 더 첨부하게 된 것이다. 즉, 사회 정의와 평화와 창조의 보전을 다 포함하는 것이다.

피터 바이머의 분류를 따르면 생명신학 유형은 생태학적 영성 중심의 생명신학, 사회·정의 중심의 생명신학, 기독교 정통 보전 중심의 생명신학으로 나눈다. 몰트만은 우주적 영성, 생명 중심적인 또는 지구 중심적인 사고를 제안하고 안식일 법을 하나님의 생태학적 전략이라고 해석했다. 마틴 로브라는 "생명신학은 정의, 평화, 창조보전의 신학일 뿐만 아니라 타자를 위한 공간을 마련해야 한다. 이 타자는 되살릴 민중과 영성, 제국주의의 희생자들, 실업자 이주 노동자, 가난한 자들이다."라고 했다.6 이레니우스는 창조와 구원의 하나님을 동일하게 보았다. 이는 창조와 구원의 하나님을 별개로 보았던 영지주의에 대한 반박이기도 하였다.7 박동현 교수는 생명신학은 구속신학과 창조신학을 한데 묶는 신학이 되어야 하며 생활신학, 삶의 신학도 함께해야 하며 이런 점에서 생명신학은 전개방식이 통합성을 띠어야 한다고 했다.8 정현경 교수는 생명의 현실성이 기독론보다 크다고 강조한다. 즉, 생명을 기독론의 넓은 개념으로 정의 내리고 있다.9

---

6 황홍렬, 「NCC21세기 신학선언에 대하여 요지, 의의, 비판 및 제안」, 『기독교사상』 제508호 (2001. 4), pp.210-211.

7 Justo, Gonzales, 이형기, 차종순 역, 『기독교사상사Ⅰ』 (서울: 장로교출판사, 1988), pp.197-198.

8 황홍렬, op. cit., p.205.

9 정현경, 「민중신학과 생명 안에서의 코이노니아」, 『신학사상』 83권 (1993), pp.73-74.

생명신학은 세계교회협의회가 '정의 평화 창조의 보존'의 후속 작업으로 1994년에 시작된 것이다. Life는 생명 · 생명체 · 생명성 등으로 번역될 수 있는데 원래 앵글로색슨 계의 'Life'라는 어원에서 파생되었다고 한다. 'lif'에 해당하는 라틴어인 'anima'도 생명을 정의하는 데는 별로 도움이 되지 못했다. 생명으로 해석될 수 있는 히브리어는 네페쉬(נפש; 영혼), 바살(בשר; 살, 피부, 몸), 루아허(רוח; 공기, 숨, 바람), 레바브(לבב;심장, 마음)이다. 헬라어는 퓨뉴마(πνευμα; 영, 혼), 프쉬케(ψυχη; 목숨, 생명력, 혼), 소마(σωμα; 몸), 사륵스(σαρξ; 살, 육)이다. 이들 단어는 생명의 여러 차원을 개념화한 것에 불과하다. 이 모든 단어를 종합해 보아야만 생명의 전모를 감지할 수 있다. theology of life의 우리말 번역은 쉽지 않다. '생명신학', '생명의 신학', '삶의 신학', 생명현상에 포함된 모든 주제를 모두 다루는 생명신학은 광범위하다. 생명신학은 생명체들의 자연적이고 사회적인 삶의 공간을 함께 다뤄야 한다. 생태신학, 환경신학, 자연신학, 창조신학뿐만 아니라 인간 사회에서 펼쳐지는 모든 생명에 관한 일－사회, 정의, 평화, 의학, 윤리 등등－을 포함하는 매우 포괄적인 신학이다. 포괄성이 광범위한 영역을 다룬다는 장점은 있지만 고유의 성격이 퇴색할 수도 있다.[10]

1994년 세계교회협의회는 이러한 교회 내외의 생명 현상에 관련된 여러 가지 작업을 더욱 체계화하기 위하여 '생명신학' 프로그램을 시작하기에 이른 것이다. 사회, 정의, 평화, 창조의 보전을 다 포함하는 것이 생명신학이다. 본 논고도 생명의 문제를 이처럼 포괄적으로 다루고자 한다.

---

10 선순화, op. cit., pp.156 - 164.

2. 구약성서에 나타난 생명신학

1) 생명의 단어

구약성서에서 생명을 뜻하는 단어로서는 ① 하임(חיים) ② 네페쉬 (נפש) ③ 루아허 (רוח) ④ 너샤마(נשמה) 가 있다. 하임(חיים)을 제외하고는 거의 언제나 구체적이고 감각적인 뜻을 지닌다.

네페쉬(נפש; 숨이나 음식을 넘기는 목구멍): 목 혹은 목구멍이란 단어가 생명의 의미로 쓰인다(잠 8:35; 시 30:4; 신 12:23; 레 17:11). 우리말(목숨)의 생명은 본질적으로 너샤마(נשמה; 숨)와 담(דם; 피) 속에 있는 것으로 알려져 있다. 창세기 2장 7절에 너샤마티 하임(נשמת חיים; 생령)은 인간의 위대함과 인간의 약함, 하나님과 특별한 관계를 맺으면서 숨결을 거두면 사라질 존재를 말한다.

루아허(רוח; 바람): 숨과 관련(창 6:17; 7:15, 22; 사 42:5). 욥기 34장 14~15절은 영과 숨결이 동의어로 사용된다. 인간이 그 숨결의 주인이신 하나님을 떠나서는 살 수 없다는 것을 분명히 말해준다.

담(דם; 피): 구약에 360번 나온다. 생명력 자체가 머무는 곳으로 이해되고 있다. 생명의 원천이신 하나님이시다(삼상 2:6; 신 32:39; 욥 12:13 - 17; 창 1:22). 인간 자신의 존귀함과 조화된 인간 상호의 삶은 처음부터 창조주와의 올바른 관계를 바탕으로 하고 있다. 창세기 1~2장, 창세기 1장 28절에 다스림과 지배의 의미는 하나님의 뜻에 대한 겸허한 순종, 즉 다른 생명체와 자연에 대해 근본적으로 존중하는 마음가짐, 즉 자연을 경시하는 태도는 근본적으로 보면 창조주를 경시하는 태도라 할 수 있다.[11] 이런 태도는 결국 인간 생명에 대한 경시의 태도를 낳게 된다(호 4:2 - 3).

　성서는 하나님과 그의 신앙을 전제하고 있다. 성서에 나타난 생명도 예외는 아니다. 성서는 생명의 시작과 유지 그리고 끝이 하나님과의 관계에서 어떤 의미가 있는지를 신앙적 관점에서 표현하고 있다. 그런데 성서의 생명신학을 어느 하나의 문화적 사고나 사상적 틀에 맞추려는 것은 부적절하다. 왜냐하면 성서는 오랜 역사를 통해서 형성되면서 다양한 문화와 여러 사람들의 사고를 반영하고 있으며 생명에 관한 견해도 이러한 경향을 나타내기 때문이다. 그럼에도 불구하고 오늘날 교회나 신학교육의 현장에서 신약적 관점에서 일방적으로 묘사한다든지 현대의 개인주의적 사고로 이해하는 것은 잘못이다.[12] 그 오해의 실례는 다음과 같다.

　(1) 헬라 철학적인 이분법의 인간 이해는 구약성서에 없다.

　(2) 내세관적인 이해이다. 구약성서는 이 땅에서의 삶 이후에 오는 영생의 개념이나 육적인 죽음 이후의 영혼의 삶에 대해서 말하고 있지 않다. 히브리적 사고에는 영혼이나 내세의 영적인 삶이 없기 때문에 육체의 소생을 말하는 것이다(단 12:2).

　(3) 개인주의적인 이해이다. 오늘날 생명의 가치는 개인의 능력에 의하여 판단된다. 그러나 구약시대 이스라엘에서 생명은 개인적인 차원을 넘어서 가족이나 민족 공동체 안에서 이해하였다. 따라서 공동체를 떠난 생명은 죽음을 의미했다.

---

11 김영남, 「그리스도의 생명이해」, 『신학과 사상』 제20호 (1999), p.71.
12 천 사무엘, 「구약성서에 나타난 생명신학」, 『생명문화와 기독교』 (서울: 한들, 1999), pp.156 - 157.

2) 생명의 창조

하나님에 의해서 생명이 창조되었다는 데는 몇 가지 의미가 내포되어 있다.[13] 그 의미는 다음과 같다.

(1) 인간을 포함한 세상의 모든 생명은 하나님에 의하여 생겨나 존재한다. 이것은 생명의 주인이 하나님이시라는 것을 의미한다(삼상 2:6).

(2) 모든 생명체는 존재하는 목적이 있다. 즉, 하나님은 의도를 가지고 생명을 창조하셨고, 각 생명체는 창조세계 안에서 그 필요성이 있기 때문에 존재한다.

(3) 모든 생명체는 절대적 가치를 가지고 있다(창 1:31).[14] 이것은 창조 질서와 모든 생명체에 대한 하나님의 판단을 나타내는 것이며 인간이 평가하는 상대적 가치를 생명체들에게 적용하지 말아야 한다는 것을 의미한다.

창세기 2장에서 창조 이야기는 생명체가 창조되는 모습을 구체적으로 묘사하며 히브리적 인간 이해를 반영한다. 창세기 2장 7절, 사람은 생명체, 즉 살아있는 피조물이 되었다. 생명의 숨은 육적인 면에서뿐만 아니라 정신적인 면에서도 인간을 살아있는 존재로 만든다. 따라서 죽음이란 하나님께서 생명의 숨을 거두어들이는 것이며 하나의 생명체로의 역할을 중지하는 것이다(시 104:29 - 30; 욥 34:14 - 15).[15]

인간은 다른 생명체들과 함께 하나님으로부터 나오는 생명의 숨을

---

13 Ibid., p.159.

14 G. von Rad, "Life in the OT" in *TDNT, Vol. 2*, p.843.

15 천 사무엘, op. cit., p.160.

공유하고 있다. 그러나 이들과 다른 점은 하나님의 형상으로서 이들을 지배하고 관리하는 책임을 맡았다는 것이다. 인간과 동물을 살아 움직이게 하고 생명체가 되게 하는 생명의 숨을 신적인 요소로 여기는 것은 구약의 의도가 아니다. 즉, 하나님으로부터 나오는 생명의 숨을 가지고 있기 때문에 인간이나 동물은 신성을 소유하고 있다는 사고는 구약에 나타나 있는 히브리적 사고가 아니다. 인간과 동물은 창조된 피조물이며 성부로부터 성자가 나오듯이 삼위일체적으로 하나님으로부터 나온 존재가 아니다. 하나님의 형상 인간론도 존재론적 개념보다 인간의 본성이 아닌 인간의 행동 묘사로서 이 땅에서 피조물을 다스리고 관리하는 하나님의 대리자이다.[16]

3) 생명의 상호연관성

(1) 구약성서에 의하면 모든 생명체는 상호관계 속에서 존재한다. 인간을 포함한 모든 생명체는 하나님과의 관계성 속에서 존재한다. 즉, 창조주와 피조물의 관계이다. 하나님은 모든 생명체에 생명을 부여하기도 하고 그것을 거두어 가기도 한다. 하나님 없이는 생명체가 존재할 수 없다(신 32:39). 하나님은 생명의 하나님(민 14:28; 신 32:40; 삿 8:19), 살아 계신 하나님(신 5:26; 수 3:10; 삼상 17:26)으로 지칭된다. 이것은 하나님의 본성 자체가 생명이며, 그 생명은 피조물에게 부여할 수 있다는 것을 의미한다. 또한 생명체는 단순히 물질적인 존재 이상이며 하나님과의 관계성 속에서 지속될 수 있음을 의미한다(암

---

16 Ibid., p.161.

8:11 – 13). 말씀은 하나님과의 관계성 속에서 생명이 유지되고 지속될 수 있다.

(2) 인간과 다른 생명체들과의 관계이다(창 2:19 – 20). 인간은 피조물을 다스리고 돌보는 관계에 있다. 노아 홍수 후 인간은 채소뿐만 아니라 살아 움직이는 짐승, 새, 물고기 등이 음식으로 주어졌다(창 9:3). 하나님이 만드신 모든 것을 하나님께서 보시니 참 좋았다(창 1:31). 세상은 우리가 상상할 수 없을 정도로 좋았다. 땅도 있고 산, 바다, 광야도 있다. 갖가지 짐승과 식물이 지방마다 다르고 인간도 지방마다 다르면서 하나의 공통된 인간성을 지니고 있다. 남 · 북극에서 적도까지 조금씩 기후도 다르다. 지방마다 사람의 생김새, 말, 문화, 먹을거리가 다른 이 다양함이 무지개 빛깔처럼 하나님의 좋으심을 나타내고 있다.[17]

(3) 인간과 공동체와의 관계성으로서 태초에 남자는 여자와 함께 가족 공동체를 이루었다. 가족관계(아간), 한 도시의 공동체성(소돔, 고모라 10명), 인간생명의 관계성은 민족, 공동체와도 밀접하게 연관된다. 모세는 백성들의 죄 때문에 하나님의 진노를 사서 가나안 땅에 들어 갈 수 없었다고 묘사한다(신 1:37; 3:26; 4:21). 생명의 관계성은 모든 피조물들에게도 해당된다(노아 홍수, 모든 생명체들이 심판대상, 출애굽 시 바로의 죄, 이집트에 모든 생명들 고통과 생명의 위협). 구약성서에서 피조 세계의 공동체성, 모든 생명체들의 공동체적 관계성이 고려되었다는 것을 의미한다.

---

17 서 로벨또, 『그리고 하나님 보시기에 참 좋았다』 (서울: 열린, 2001), p.93.

4) 생명의 상징

창세기 2장의 창조 기사에 의하면 생명체는 하나님께서 부여하신 생명의 숨에 의하여 살아있다. 그러나 오경의 다른 부분들에 의하면 피를 생명과 동일시하거나 피에 생명이 있다고 한다. 따라서 피를 먹어서는 안 된다고 한다(창 9:4; 레 3:17; 7:26; 17:14; 신 12:16, 23; 15:23).[18] 피가 곧 생명이고, 생명은 곧 하나님께 속해 있기 때문에 어떤 생명체의 피도 먹지 말라는 것이다. 따라서 짐승을 잡아먹을 경우 그 고기는 먹을 수 있었지만 피는 물처럼 땅에 쏟아 버려야 했다(신 12:15-16). 이것은 생명에 대한 어떠한 권한도 인간에게는 없으며 생명은 원래의 주인인 하나님께 다시 돌려져야 한다는 것을 의미한다.[19]

인간의 피는 하나님의 특별한 보호를 받는다(창 9:5-6). "사람은 하나님의 형상대로 지음을 받았으니 누구든지 사람을 죽인 자는 죽임을 당할 것이다" 따라서 살인한 사람은 이에 상응하는 보복을 당함으로 피의 값을 속하게 된다(민 35:19-27). 이 보복은 반드시 있어야 하는 것이지만 비의도적 살인의 경우에는 예외였다(신 19:4-7). 사람과 동물에게는 피가 생명의 상징이었지만 곡식의 경우에는 누룩이 생명의 상징이었다. 누룩은 빵을 부풀게 하는 힘을 가지고 있고 모양을 변형시키는 역할을 하기 때문에 생명력이 있는 것으로 간주되었다. 따라서 제사를 드릴 때 고기와 피를 분리하는 것처럼 누룩은 하

---

18 천 사무엘, op. cit., p.162.

19 J. Milgrom, *Studies in cultic Theology and Terminology* (Leiden: E. J. Brill, 1983), p.288.

나님께 드리는 빵으로부터 분리되어야 했다(레 2:4). 누룩을 넣은 빵은 불살라 바치거나(레 2:11), 희생제물과 함께 바치는 것이 금지되었다(출 23:18; 34:25).[20]

5) 생명의 유지

구약성서에 의하면 생명의 유지는 전적으로 하나님의 손에 달려 있다. 생명과 죽음의 주인인 하나님은 생명 유지에 대한 절대적 권한을 가지고 있다. 하나님은 생명을 유지하기 위한 방법으로 계약을 제시했다. 즉, 생명의 지속 여부는 하나님의 말씀에 대한 인간의 태도에 의하여 결정된다는 것이다.[21] 생명을 선택한다는 것은 곧 생명인 하나님 자체를 선택한다는 것이다. 생명은 하나님의 말씀을 따라 살 때에 유지되며 생명 자체인 하나님을 선택할 때 지속된다는 것이다. 생명의 유지는 물질적인 양식으로만 가능한 것이 아니라 하나님의 말씀도 있어야 한다는 것이다(신 7:3). 생명은 하나님의 말씀에 순종할 때 더 오래 지속될 수 있다. 반면에 죽음은 저주가 아니라 창조질서의 일부이며 의인의 죽음은 생명을 주신 하나님께 그 숨을 평안히 되돌리는 것이기 때문이다.

이 생명의 유지는 재생에 의해 가능하다. 재생은 생명의 핵심이며 지속 가능한 사회로 인도하는 중심적인 원칙이었다. 재생 없이는 지속 가능성도 있을 수 없다. 영속적인 자연 법칙 속에서 생명의 질서

---

20 천 사무엘, op. cit., p.164
21 G. von Rad, op. cit., p.845.

는 끝없이 재생되는데 재생의 원리는 쉼 없는 생명의 순환 과정이다. 우리의 죽음은 다른 생명체의 탄생으로 이어지고 다른 생명체의 죽음 위에서 나의 생명이 유지된다. 이런 순환의 과정은 태양이 빛을 발하는 동안 언제까지나 계속될 우주의 기본적인 리듬이다.[22]

3. 신약성서에 나타난 생명신학

1) 공관복음에 나타난 생명

프쉬케(ψύχη)와 조에(ζωη)는 생명을 뜻하는 대표적인 말인데, ψύχη는 현세의 생명을 뜻하고, ζωη는 내세에 구원의 선물로 주어진 생명을 뜻한다. 공관복음에서는 종말론적 구원에 대한 갈망과 구원의 선포가 하늘나라로 표현되나 요한복음에는 종말론적 구원은 생명이란 개념으로 표현된다. 예수의 지상 삶 전체는 인류를 위하여 특히 이 세상에서 여러 가지 이유로 고통받고 신음하는 사람들을 위하여 자신의 생명을 내 놓은 삶이었다고 볼 수 있다. 예수의 생명관의 특징은 예수 자신이 바로 이렇게 철저하게 다른 사람들의 현세 생명을 위하여 투신하면서도 또한 철저하게 자신의 현세 생명에 대한 애착에서 초연하였으며 다른 사람들에게도 그렇게 살도록 가르쳤다는 데 있다.

공관복음서의 예수의 메시지 중심은 종말 지향적인 하나님의 나라였

---

22 김종철, 『간디의 물레』 (대구: 녹색 평론사, 1999), p.64.

으며 미래적인 생명에 있다. 공관복음의 가르침에 의하면 온전한 생명은 현 세상에서 경험하는 것이 아니라 죽음 후에 곧 미래에 얻어지는 것이다. 이것이 현 세상에서의 생명에만 관심을 둔 구약성서와의 결정적인 차이이다.[23] 그렇다고 해서 공관복음이 현재 생명의 가치를 전혀 무시하는 것은 아니다. 예수는 육신의 생명에도 관심을 가지셨고 그를 통해 그들을 영원한 생명의 길로 인도하기 위해서이다.

마태복음 25장 31~46절의 양과 염소의 비유 역시 영원한 생명은 현세에서 가난한 사람을 돕는 것이다. 예수는 자신을 위해 모든 것을 버리는 것만이 영생이 아니라 회개도 죽음에서 생명으로 옮기는 방법이라고 한다(눅 15:24).[24] 영원한 생명은 하나님의 전적인 은혜의 선물로 주어지는 것이지만 사람들의 이 세상에서의 행위 자체의 가치를 온전히 배제하지는 않았다. 영원한 생명을 얻는 자들은 또한 그에 합당한 행위를 해야 한다.

2) 바울 서신에 나타난 생명

바울에게서도 조에(ξωη: 영원한 생명)는 그리스도인의 최종목표이다(롬 6:22; 2:7; 5:21; 갈 6:8). 바울은 조에란 개념보다는 의인 됨, 속죄 등의 개념을 중요하게 사용한다. 바울은 참된 생명의 전제조건이 의롭게 되는 것임을 강조한다(롬 1:17). 바울에게서 그리스도인의 영원한 생명은 하나님으로부터 말미암아 의롭다고 인정받은 결과로 주

---

23 최홍진, 「신약성서에 나타난 생명신학」, 『생명문화와 기독교』(서울: 한들, 1999), p.175.
24 J. L. Mekenzie, *Dictionary of The Bible* (New York: Macmillian, 1965), p.50.

어진 것이다(고전 15:45). 신앙인은 그들 자신의 생명이 아니라 그리스도의 생명이며 그들 안에 그 생명이 작용하고 있다(빌 2:21; 갈 2:20). 그러므로 영원한 생명을 가진 자는 이제 자기를 위해 그 생명을 누리는 것이 아니라 그리스도를 위해 살아야 하며 나아가서는 다른 사람을 사랑하며 살아야 한다(롬 12장 이하). 영에 따라 사는 사람, 곧 생명을 소유한 사람은 성령의 열매를 맺어야 한다(갈 5:22 – 23). 바울은 인간의 자연적인 생명, 곧 육적인 생명(롬 8:12)과 그리스도 안에 있는 생명, 곧 영적인 생명을 대조시킨다. 바울이 말하는 육적인 생명은 희랍 사상에서처럼 몸의 정욕과 욕망을 가르친다기보다는 이 땅의 조건이 명하는 대로 사는 삶을 말한다. 반면 참된 생명은 그리스도 안에 사는 것이다.[25]

바울의 생명관은 부활과 깊은 관련이 있다. 바울은 마지막 아담인 예수 그리스도 자신의 죽음과 부활을 통해 인류에게 생명을 주는 자가 되었음을 강조한다(롬 5:17; 18:21). 요한이 참생명은 성육화된 말씀을 통해 주어진다고 하는 반면에 바울은 부활하신 그리스도를 통해 하늘의 생명이 주어진다고 말한다(롬 8:29; 엡 2:5). 바울에게 있어서 영원한 생명은 미래적인 축복임과 동시에 현재의 역사적인 실제이다(롬 6:4). 세례를 상징하는 그리스도의 죽음과 부활에 의해 시작된다(롬 6:4). 세례를 상징하는 그리스도의 죽음과 부활에 연합함으로 신자들에게 새로운 생명이 주어지며 이 생명이 현재 그리스도인 안에서 활동하고 있다(고후 4:12). 그리스도가 부활함으로 둘째 아담이 되었다는 것이다.[26] 그런데 바울은 이 생명이 미래에 완성된다고 생

---

25 박근용 외 5인, 「생명」, 『기독교 대백과사전』제8권 (서울: 기독교문사, 1983), pp.923 – 932.
26 G. Kittel, *Theological Dictionary of The new Testament* Vol. II, pp.866 – 867.

각했다(고전 15:20-22, 44-49). 이런 의미에서 바울에게 있어서 생명은 영원한 현재의 선물임과 동시에 희망의 대상이다.

바울은 참된 생명의 전제 조건이 의라는 것을 강조하는 데서부터 시작한다. 의란 전인(全人)이 하나님의 뜻에 일치함을 뜻한다(롬 1:17). 바울의 칭의론은 협소한 인간론의 지평을 넘어서서 모든 피조물들이 고대하는 방식으로의 존재 변화, 즉 타락하고 신음하는 생태계를 위한 구원 가능성으로서의 인간 삶의 양식의 우주적 변화를 의미하고 있다. 이것은 피조물이 고통으로부터 구원되지 못하는 한 인간은 그가 그리스도로 인해 구원받은 상태에 있다고 할지라도 그의 현세적 몸은 여전히 자연의 고통으로 인해 야기된 고난 속에 거할 수밖에 없다는 역설적인 지적이다. 골로새서 1장 11~20절에는 창조의 동인이자 모든 사물을 자행하는 힘이며 만물을 하나님과 화해시키는 중재자로서의 그리스도에 대한 비전을 말한다. 이곳은 전 우주 역시 그리스도 안에서 하나님의 궁극적인 승인의 대상임을 강조하고 있다.[27]

3) 요한복음에 나타난 생명

요한복음은 그 기록 목적을 사람으로 하여금 믿게 하고 생명을 갖게 하기 위함이라고 밝히고 있다(요 20:31). 요한은 먼저 말씀(예수) 안에 생명이 있다고 선언한 후 논리를 전개한다. 요한의 특징은 현재적인 경험으로서 생명을 강조한다는 점이다. 요한은 예수 그리스도의 오심을 통해 생명이 이미 주어졌으며 생명이냐 심판이냐는 지금 예

---

27 이정배, 『신학의 생명화 신학의 영성화』 (서울: 대한기독교서회, 1999), p.35.

수에 대한 태도 여하에 달려 있다는 점을 분명히 한다.[28]

불트만은 요한의 종말론이 실존주의적인 의미를 가진 것이라고 한다. 곧 미래의 생명이 아니라 이 세상에서 지금 누리는 실존적인 결단이요(요 17:11 - 14, 16), 신자들은 신앙의 결단으로 이미 심판을 넘어서 생명의 영역을 현재의 시간에 체험하는 것이다(요 3:18; 5:24).[29] 요한이 현재적 생명을 강조하는 근거는 하나님의 로고스로서 그리고 하나님의 영원한 아들로서 성육신 한 예수가 바로 생명이며 그 안에 생명을 가지고 있다는 사상에 근거한다. 요한이 현재적인 생명을 강조하는 것은 요한 공동체의 정황과 관계가 있다.

요한복음에서 생명을 소유한다는 것은 무엇을 의미하는가? 요한의 관점에서 영원한 생명은 위의 영역에 속한다. 위의 영역의 존재가 된다는 것이요, 하나님의 신적인 생명에 참여하는 것이다. 이것은 하나님의 본질을 공유하는 것이 아니라 하나님의 사역을 위해 하나님에 의해 힘을 공급받음을 말한다. 생명을 소유한다는 것은 신적인 사명에 참여하는 것이다. 본질의 하나 됨이 아니라 기능상의 하나 됨이다. 그러므로 생명은 하나님의 교제를 나누는 것과 관련된다. 그러므로 생명은 예수의 보내심에 참여하는 것이다. 예수의 보내심에 참여하는 경험과 관련이 있다. 생명은 선교의 사명과 관련된다. 요한복음에서 생명은 선교적인 의미를 가진다. 생명을 소유한다는 것은 선교의 사명을 감당하는 것이다.

요한복음이 말하는 하나님의 세계는 결국 모든 것이 하나님의 하

---

28 E. Käsemann, *The Testament of Jesus : A study The Gospel of John in The Light of Chapter 17*, (philadelphia: Fortress Press, 1969), p.63.

29 W. schmithals, 변선환 역, 『불트만의 실존론적 신학』 (서울: 대한기독교서회, 1983), p.304.

나 됨, 끊을 수 없는 관계로 되는 것이며 여기서 인간의 위치는 이러한 세계가 되도록 모든 하나님의 창조 세계에 대하여 책임적 존재로 사는 것이다. 예수께서 파괴된 인간과 창조 세계를 위하여 책임적 존재로 십자가를 지신 것과 같이 믿는 자들이 하나님과 하나 됨 같이 나아가게 한 것같이 영생을 지닌 인간도 세계에 대하여 책임을 져야 한다. 파괴된 모든 것들을 회복시키기 위해서라면 자신을 드릴 수 있을 만큼 책임적 존재가 되는 것, 그것이 바로 하나 됨과 영생의 증표인 사랑이다. 그때 하나님의 모든 세계는 예수와 하나 되는 평화를 이루게 될 것이다.[30]

선재하시다가 성육한 말씀이신 예수는 하나님의 아들이며 자신 안에 가지고 있는 생명을 세상에 주는 생명의 빵(요 6:35, 48), 생명의 물(요 4:14), 생명의 근원(행 3:15), 생명의 빛(요 1:4; 8:12), 생명 그 자체이다. 그것은 현재이며, 신앙과 친교로 예수를 믿으면 영원한 생명을 갖는다(요 15:1). 예수를 믿는다는 것은 하나님과 자연과 사람과의 상호연관성을 내포하고 있고 그 생명을 얻기 위한 생명의 실천은 사랑이다(요 13:12 – 14:12 – 13).

요한복음에서는 아버지가 내 안에 내가 아버지 안에서 기능적으로 하나 되는 것이 생명이다. 구조가 우선시되고 기능이 무시되는 신 자유주의적인 자본주의 사회에서 오늘 농부이신 하나님과 포도나무와 포도나무 가지의 유기체성을 다시 상고하게 한다. 바울의 생명관 다음에 요한의 생명을 다룸은 요한복음의 이런 생명관이 논자의 연구와 일치하기 때문이다.

---

30 김춘기, 「창조질서 회복을 위한 인간론」, 『농촌과 목회』 통권 11호 (2001년 가을), p.219.

4. 생명의 신학적 발전

1) 계약전통

생명신학은 하나님이 창조세계와 맺었던 계약관계에서 발견할 수 있다고 본다. 하나님의 영은 창조세계 속에 함께 아래에 있어서 생명세계에 숨결을 부여하며 창조의 완성을 향해 가도록 하였다. 계약은 자연 동물 식물 대지도 포함했다. 불의한 관계가 안식일, 안식년, 희년을 통해서 정기적으로 복원되기를 요구한다. 계약에 의해 이스라엘은 풍성한 생명을 위해 구원받았고, 구원받은 창조물로서 역할을 하도록 사명을 부여받았다. 계약은 생명의 문제이기에 살아있고 역동적이고 계속적이고 완성을 향해 가는 과정에 있는 하나님의 활동과 맞물려 있다.

구약성서에서 자연의 축복과 자연의 재난을 하나님과 이스라엘 안에 이루어지는 계약의 결과로 보았다. 따라서 정의는 창조를 창출한다. 만일 피조물에 깃든 하나님의 계시를 파괴한다면 우리 자신의 정체성도 그와 다름없이 취급될 것이다.[31] 계약의 핵심은 하나님 자신을 친히 선물로 주는 것을 의미한다(출 6:7; 레 26:12; 렘 7:23). 즉, 계약에 있어서 주도권은 늘 하나님께 주어지며 계약의 성립은 전적으로 인간과 모든 피조물에게 주어진 하나님의 약속인 것이다.[32] 하나님과 더불어 하나님 자신을 친히 선물로 준 계약을 가지고 생명을 치유하고 가꾸고 변화시키는 일을 해야 한다.

---

31 정홍규, 『지구 안의 사람 사람 안의 지구』 (대구: 가톨릭신문사, 1997), pp.115 – 123.
32 황광명, 「생명운동으로서의 기독교 선교」 (감리교신학대학원, 1993), p.38.

2) 성례전적 전통

우주를 그리스도의 몸으로 표현하는 성례전적 전통이 계승된다. 생명의 시작인 말씀으로 지탱해 온, 복원된, 그러한 충만한 구원의 비전을 제시한다(골1:15 - 20). 성례전적 전통은 그리스도를 통하여 성화 된 우주의 모습을 상징하고 있다. 여기서 우리는 그리스도가 창조세계와 맺은 하나님의 '신체성'과 '공동체성'의 궁극적인 증거인 것을 본다.

그리스도는 만인을 위해 피를 흘리는 제사를 수행하였다고 예수 자신도 최후의 만찬에서 곡식과 과일을 자신의 살과 피에 통일시켰다. 제사는 십자가 위에서 "신 자신이 죽은" 사건으로 나타남으로써 그 간계의 성격을 벗을 수밖에 없는 지점에 도달한다. 예수의 죽음은 타자를 위한 존재의 극한적 순종이다. 그것은 바울의 말대로 몸의 산 제사(롬 12:1)이다. 그것은 생태적 실천이요, 생명의 본연에 참예함이다.[33]

식량의 감소, 유전자 조작, 옥수수, 빵, 땅의 사막화와 산성화 현상은 우리 교회의 성찬양식인 빵과 포도주를 위기에 빠뜨린다. 빵과 포도주의 상징은 자연의 소멸과 소생의 순환에 의존하고 이 생산된 요소들은 성찬식에서 예수의 죽음과 부활을 기념하기 위한 적합한 상징으로 선택되어 삶의 법인 생명이 된다.[34] 피조물 모두가 주의 성찬에 참여하는 것은 평화의 희망사항이요, 하나님의 도래가 식탁에 있다. 하나님의 화육 사건을 통하여 생명의 근원인 하나님은 이제 생명체로서 생명 가운데 존재함으로써 그분의 존재 방식이 신체성과 공

---

33 이준모, 『생태적 인간』 (서울: 다산 글방, 2000), p.191.

34 정홍규, op. cit., p.130.

동체성에 있음을 증명한 것이다. 또 하나님의 신체성과 공동체성은 하나님이 우리에게 더욱 친근해진 존재임을 밝힌다. 하나님의 신체성과 공동체성이 하나님의 존재 방식이라면 이것은 윤리적인 의미를 지닌다. 생명을 위해서 생명체는 신체의 건강과 공동체의 건강과 생명권의 건강이 필요하다.

3) 희년 사상

서구 신학의 이분법적 전통을 극복할 수 있는 또 하나의 히브리적 근원은 하나님과 자연의 관계를 물활론적[35]으로 바라보았던 전통이다. 히브리인들은 땅에 대한 보유권을 하나님과 이스라엘의 계약 관계 속에서 하나님의 선물로 이해했다. 그러므로 땅에 대한 이스라엘의 보유권은 이스라엘의 의에 달려 있다. 희년에 대한 핵심적 전거는 레위기 25장에 일곱 번째의 안식년 다음 해를 요벨의 해라고 부르도록 한 것이다. 레위기 25장 11절에서 땅이 완전히 쉴 수 있도록 한 안식년의 의도와 결부되어 있다. 희년 사상은 속죄일과 안식년과 연관된 사상이다. 희년의 비전은 취득과 지배라는 불가피한 역사적 역학 관계가 사회적 축출로 이어지는 것을 정기적으로 타파하며 공동체 안에서 모든 사람들의 삶의 기회를 회복시키려는 것이었다.

살아있는 동료 인간은 착취하고 억압하는 부정한 관계를 바로잡는 희년 전통의 구조가 예수의 가르침(눅 4:18 – 19)에서도 재현되고 있

---

35 이것은 하나님을 제조자로 보는 은유가 공예품을 만들어 내는 장인을 모델로 하여 만들어졌다 하더라도, 하나님은 죽은 물체가 아닌 살아있는 세계를 창조하는 분이라는 고백.

다.[36] 오늘 생명공학의 자본주의 세계에서도 희년의 정신이 체현되어져야 한다.

5. 생명에 대한 새로운 정의들

성서에서 나타난 생명의 본질은 하나님의 본성 자체라는 점이다. 하나님의 은총에 의해 땅 위의 모든 것들에게 주어진 생명을 통하여 하나님을 체험하게 된다. 구체적으로 생명의 하나님을 체험하는 것은 예수 그리스도를 통해서 가능하며 하나님은 이 땅에 끊임없이 생명을 창조해 나간다는 점이다.[37] 구약과 신약 전체를 꿰뚫고 우리 현대 세계의 문제를 총체적으로 해결할 뿐 아니라 사회적 실천을 유도해 낼 수 있는 근본적인 열쇠는 생명이다.[38]

동사형 '창조하다'는 성서에서 두루 찾아볼 수 있다 그러나 명사형은 어디에서도 찾아볼 수 없다. 다만 창조주는 끊임없이 창조하고 부양한다는 의미를 강조한다. 누가 나의 이웃인가? 이웃은 우주적인 용어이다. 이웃은 모든 창조물이며 존재에 참여하는 모든 것이다. 환경이 아니라 흙과 물과 공기는 살아있는 이웃이며 생명이다. 지구도 거대한 물질의 덩어리로서 자기 관리 능력이 있는 유기적 생명체이다.[39]

생명의 폭을 넓혀야 한다. 나 혼자만의 삶에서 전 지구적인 삶으로

---

36 장형식, 「신자유주의에 대한 생명신학적 비판과 대안」 (감리교신학대학원, 2000), pp.115 - 117.
37 이병길, 「생명목회를 위한 인간의 몸 이해」 (감리교신학대원: 1997), p.9.
38 정홍규, 『두레와 살림』 (서울: 성바오로, 1996), p.30.
39 정홍규, op. cit., p.113.

인간 중심의 미시적 생명관에서 삼라만상을 신비롭게 생명으로 느끼고 공감하는 거시적 생명주의로 변신해야 한다. 하이테크는 최대의 위기는 위기 그 자체가 아니라 위기 속에 있으면서도 무위기의 위기 속에 있는 그것이 최대의 위기라고 표현하고 있다. 이는 자기모순에 빠진 현대인의 분위기를 잘 드러내 준다. 자연에 대한 아름다움이 감소되면 될수록 신에 대한 감수성도 사라진다.[40]

슈뢰딩거는 <생명이란 무엇인가>라는 책에서 생명을 마이너스 엔트로피로 규정했다. 생물학에서의 생명은 생명물질계이고 에너지 대사계이며 하나의 조절계인 생물이 나타나는 현상으로 이해하고 분자생물학에서는 생물의 구성단위를 세포로 보며 세포가 탄소를 포함한 유기화합물로 구성되어 있고 DNA와 RNA를 지니고 있음을 밝히면서 무생물과 구별함으로써 물질적 생명이해 넘어서지 못하고 있는, 그리고 오늘의 사회에 있어서 생명에 대한 인식은 인권의 차원과 생명창조의 차원에서 인식한다.[41] 생물학의 테두리 안에서 생명의 정의는 먹고 배설하고 호흡하고 신진대사를 하며 자라고 움직이고 생산작용을 하며 외부 자극에 대해 일정한 반응을 나타내는 것 등의 생리 활동을 유지하는 것을 생명체라고 하는 것이다. 그러나 이것은 생명의 다양한 현상적 성질들을 나열했을 뿐 본질적 특성이 무엇인지는 잘 보여 주지 못한다. 생명의 대사적 정의는 생명의 신진대사가 가장 본질적인 것이라는 입장을 취한다. 유전적 정의는 생명의 본질적 특성이 한 개체가 자신과 닮은 또 하나의 개체를 만들어 내는 특성이다. 생명에 대한 열역학적 정의는 생명을 자유 에너지 출입이 가능한

---

40 정흥규, op. cit., pp.34 - 175.
41 맹용길, 『생명의 효 윤리』 (서울: 장로회 신학대학 출판부, 1987), p.13.

하나의 열린 체계로 보고 특정한 물리적 조건의 형성에 의하여 낮은 엔트로피, 즉 높은 질서를 지속적으로 유지해 나가는 특성을 지니는 것으로 규정하고 있다. 과학이 파악한 생명의 참 모습은 어떠한 것인가? "우주 내에 형성되는 지속적 자유 에너지의 흐름을 바탕으로 기존 질서의 일부 국소 질서가 이와 흡사한 새로운 국소 질서 형성의 계기를 이루어 그 존속률이 1을 넘어서는 연계적 국소 질서가 지속되어 나가는 체계"라 할 수 있다. 이런 저의를 바탕으로 우리는 이 지구상에는 태양과 지구 사이에 형성되는 지속적인 자유 에너지의 흐름을 바탕으로 대략 35억 년 전에 하나의 생명이 형성되었으며 이것을 기존의 생명과 구분하여 장회익은 온 생명이라 한다.[42]

김지하는 "생명의 정의를 정의할 수 없는 것이라" 하면서, '이것이다' 또는 '저것이다'고 정의하는 순간 이것이 이것이 아니고, 저것이 저것이 아닌 변화가 곧 생명이라고 했다. 즉, 탄생, 성장, 소멸하는 것이라거나 자기 작동성, 자기 조직화, 자기 조절기능 등의 규정이나 다양성 순환성, 관계성, 영성 등의 규정은 총괄적인 정의 일수가 없다고 했다.[43] 진동, 순환, 팽창, 생성하는 모든 것은 영성적 생명이라고 볼 수 있고, 생명은 눈에 보이는 것이면서 동시에 눈에 보이지 않는 숨겨진 질서로서 전체적 생성, 유출, 변화 과정이다. 생명은 실체가 아니라 생성이다. 변화 않은 것이 없다. 변화한다는 것은 결코 변치 않는다. 생명은 정신도, 물질도, 아니면서 정신으로도 물질로도 생성하고 활동한다. 생태 또는 생태학은 생명개체나 생명군집 사이의 생활 관계와 유기물과 무기물 사이의 역동적 상관관계에 관한 학문이며

---

42 장회익, 「생명을 어떻게 볼 것인가」, 『생명이란 무엇인가』(서울: 지호, 1999), 357 - 362.
43 김지하, 『생명과 자치』 (서울: 솔, 1996), 34 - 35.

개념이다.

생명을 시적으로 묘사한 토마스 만은 마의 산이라는 책에서 "생명
은 생명으로 된 순간부터 자신을 의식하고 있음에는 틀림없지만 자
신이 무엇인가는 알고 있지 않았다. 생명은 물질도 아니고 정신도 아
니다. 둘 사이의 중간물로서 폭포에 걸린 무지개처럼 또는 불꽃처럼
물질을 통해 전달되는 한 현상이다."[44]라고 말했다. 우주는 작은 것에
서 큰 것으로 뻗어 나가는 공간의 단일한 축과 시간을 통해 단순한
것에서 복잡한 것으로 뻗어 나가고 있다. 이것이 복잡성의 축이다. 경
험 과학에 의하면 생명은 물질이 고도로 유기화(복잡화)한 결과이
다.[45] 생명체만이 아니라 무생물까지도 지구 위의 모든 생물을 유지
하는 생태조직이라는 사실을 인정해야 한다.[46] 생명에 대한 우주적
각성, 자연에 대한 생태학적 각성은 사회에 대한 공동체적 각성의 원
리로 이해된다. 신약성서에서 자연이 신 인식에 원 지평이 될 수도
있으며, 성육신이란 신이 인간 삶의 근거인 전 창조세계를 자신 내에
운반하고 있다(요 1:14). 인간의 칭의 사건이 피조물들을 위한 큰 약속
(롬 8:17)과 관련되어 있다.[47]

폴·틸리히의 생명이란 존재의 현실적인 것으로 파악한다. 그래서
본질적인 것과 실존적인 것이 통합되어 있다고 본다. 생물은 여러 가
지 차원으로 구분되는데 이것은 독립된 채로 있는 존재가 아니고 통
일을 이루고 있다. 그는 이것을 생명의 다차원적 통일이라 한다. 또한
생명에는 세 가지 기능, 즉 자기통전, 자기창조, 자기초월의 기능이

---

44 Lynn Margulis, Dorion sagon, 황현숙 역, 『생명이란 무엇인가』(서울: 지호, 1999), p.15.
45 정홍규, op. cit., p.32.
46 이병길, op. cit., p.46.
47 이정배, 「생태학적 신학의 과제」, 『기독교사상』(1991. 9), p.31.

52 생명공학에 대한 생명신학적 비판

있다. 자기통전은 분열되고 자기창조는 파괴에 직면하게 되며 자기초
월은 세속화의 위협에 노출된다. 따라서 생명이란 매 순간에 있어서
모호한 것으로 단정 지을 수밖에 없다는 것이 폴·틸리히의 견해이
다. 이 생명의 모호성의 극복 가능성을 성령과의 관계에서 발견한
다.[48]

생물학적 생물관은 정보를 축적하고 구조를 유지하기 위해 필요한
에너지를 사용할 수 있는 능력, 번식능력, 진화력, 생물의 복잡성을
가진 개체로 자기를 특징짓는 정보와 조직체계를 유지하기 위하여
에너지를 사용하여 복제와 진화를 하는 산물로 정의한다.[49]

창 1장 31절(사역): 그리고 하나님께서 만드신 모든 것을 신비감에
보시니 하나님이 보시기에 심히 좋았더라

처음 접속사 '와(1; 그리고)'는 첫째 날부터 여섯째 날까지 반복되는
'하나님이 보시기에 좋았다'는 말과 연결되는 접속사인데 찬양과 경
배의 문구이다. 보시기에 좋았다는 말은 첫째 날 1번, 셋째 날 2번, 넷
째 날 1번, 다섯째 날 1번, 여섯째 날 2번, 모두 일곱 번 사용하고 있
으며, 본문(창 1:31)은 심히 좋았더라고 표현하고 있다.

그러면 "심히 좋았다"는 이유가 무엇인가? 첫째 날부터 셋째 날까
지 창조내력은 빛, 궁창, 땅, 식물로서 모든 피조물들의 생활공간으로
서, 즉 생산자(공기, 물, 땅, 식물, 빛)를 만들었고 넷째 날부터 여섯째
날은 소비자(어류, 조류, 일월성신, 짐승, 땅에 기는 것, 육축)와 부패

---

48 P. Tillich, *Systematic Theology* Ⅲ, (Chicago: The university of Chicago Press, 1951 –
1963), pp.11 – 31.

49 한미라, 「생명윤리 21세기 기독교 교육의 화두」, 『기독교사상』 제506호 (2001, 2), p.167.

자(식물, 생명 있는 땅에 기는 것)를 만드셨다. 이 소비자와 생산자, 부패자의 상호보완, 상보상생, 조화, 협동, 공생협력 하는 것이 세상에 버릴 것이 없더라는 탄복할 사실이 심히 좋았더라는 말이다. 완벽했다는 말이다. 어쩌면 재생 재순환의 피조물을 빚으시고 번성, 정복, 다스리고, 생육하는 새 의미 부여를 하고 있다. 즉, 하나님의 형상으로서 신비감에 도취된 청지기직을 이 본문은 명하고 있다.

여기서 본 논자는 생산자(땅, 물, 공기, 식물), 소비자(어류, 조류, 동물, 인간), 부패 자(생명 있는 땅에 기는 것), 셋이 상보상생, 조화, 공생, 순환하면서 생기는 힘이 정치, 경제, 문화, 교육, 사회, 복지, 노동, 종교, 안식, 영성, 등의 시공간에 관여함으로 변화되는 생성에 미치는 하나님의 능력으로 추론한다.

6. 생명 현상을 바라보는 신학적 패러다임의 변화

생명신학은 전통신학에 나타나는 인간 중심적 위계 질서적 가부장적 시각을 수정하고 협력 돌봄, 사랑의 가치를 강조하는 생태학적 시각을 제공한다.

1) 창조

생태학적 시각은 삼위일체의 공동체적 관계를 강조하면서 창조 세계가 삼위일체의 이러한 성례전적 관계에서 비롯되었고 그 안에서

즐거워하면서 산다고 본다. 생명신학은 창조 세계에 하나님의 영이 내재한다고 인식하기에 창조에 대한 시각의 조정을 요청한다.

창조 신앙은 단순히 하나님이 세상을 만드셨다는 의미만 아니라 이 세계의 존재의미는 어떤 것이냐를 밝혀 주고 있다. 세상의 주인은 한 분 하나님, 그리고 세상은 하나님의 목적 안에서 선하게 만들어진 것이다.[50] 정현경 교수가 1991년 캔버라 대회에서 한 강연, 즉 "자연의 영과 한 맺혀 떠도는 억울한 망자의 영을 일치시키며 이들의 고통스러운 절규를 청취하는 것이야말로 성령을 체험하는 것과 다르지 않다."[51] 일곱 번째 날 안식의 날에 총체적 명령으로서의 '무리'라는 일괄적 언급이 있었다. 이것은 하나님은 인간만을 위한 하나님이 아니라 피조물 전체 다른 말로 우주적 생명전체를 위한 하나님이라는 것을 말하는 것이다.[52]

창조에 있어서 모든 피조물이 한 뿌리를 가졌다. 창세기 2장4절, 대지(אדמה; 아다마)는 생태학적 공간, 하나님과 사람, 사람과 숨 쉬는 생물이나 다 함께 "살아있음"을 영위하는 공간이다. 사람, 동물, 식물, 모두 대지의 흙에서 빚어졌던 것이다(창 2:9, 18 - 19) 아담(אדמ)이 대지(אדמה; 아다마)에서 빚어졌다. 대지와 사람이 근본 한 뿌리임을 밝힌다.[53]

예수 그리스도는 하나님 나라를 선포하시고 그의 실현을 위해 전 삶을 바쳐 사셨다. 뿐만 아니라 그의 삶과 죽음 부활은 하나님 나라의 실현이기도 하였다. 그의 삶과 죽음 부활을 통해 역사 속에 하나님의 나라의 모습이 드러난 것이다. 그것은 바로 풍성한 생명의 잔치

---

50 한국기독교 장로회 교회와 사회위원회, 『창조세계의 위기와 보전』 (서울: 한국기독교장로회총회 1991), p.5.

51 정현경, 「오소서 성령이여 만물을 새롭게 하소서」, 『기독교사상』 제338호 (1991. 4), pp.101 - 108.

52 강형식, 「토착화 신학의 주제로서 생명신학」 (감리교신학대학원, 1991), p.56.

53 왕대일, 「생명경외의 성서적 근거」, 『기독교사상』 제403호 (1992. 7), pp.14 - 15.

자리였다(요 10:10). 예수 그리스도를 통해 나타난 하나님 나라는 참새 한 마리, 들꽃 하나까지 다스리시는 하나님의 완전한 통치에서 이루어지며 하나님, 인간, 창조, 창조세계 안에서 올바른 관계를 회복하는 것이다. 기독교는 생명의 종교요, 생명을 지키고, 풍성히 하여 영생의 생명으로 온 누리가 차고 넘치게 하자는 신앙이다. 생명이 가장 귀하다. 온 천하를 주고도 바꿀 수 없는 생명은 절대적이다. 예수 그리스도 안에 있는 생명은 온전하고 완전한 생명이다. 그리스도 안에 이미 성취된 이 생명으로의 접근과 연합에 제일 큰 장벽은 특히 현대인에게 있어서 인간의 탐심이다. 성서는 탐심은 우상숭배라고 경고한다(골 3:5).[54]

2) 죄

전통신학은 죄로 인해 썩음, 신체적 죽음이 창조세계에 들어갔다고 하지만 생명신학은 창조세계의 생태적인 가치와 성스러움을 인정하기에 창조세계사 그 자체로는 죄로 변질되어 있다고 보지 않는다. 영에 반대되는 것은 물질이 아니라 죄와 죽음의 세력이라고 본다. 이 죄와 죽음의 세력이 인간의 창조세계에 대한 관계와 인간의 하니님에 대한 관계를 왜곡시켰다고 본다. 생물학적으로 보아도 생명은 자연스러운 죽음 속에서 오기 때문에 죽음도 창조의 선함과 의로움의 일부로 보고자 한다.[55] 한 생명체에게 죽음은 그저 가능성이 아니며

---

54 오딜. 슈텍, 『세계와 환경』 (천안: 한국신학연구소, 1990), pp.12 – 24.
55 선순화. op. cit., p.169

그냥 확률로 얘기할 수 있는 가능성이 아니다. 한 생명에게 있어서 죽음보다 더 확실한 것은 없다. 인간의 존엄성은 죽음이 있기 때문에 귀중하다. 구원이란 유 일회적인 신의 역사적 행위를 지시하기보다는 자신이 만든 피조물에 대한 신의 반복적인 축복 행위 곧 샬롬의 상태를 뜻하고 있다는 사실이다. 창조의 타락된 본성을 강조해온 교리 신학 체계 속에서 자연(피조물)에 대한 적극적인 이해란 처음부터 불가능하다는 사실이다.[56]

유한한 인간의 삶을 악으로서, 죄의 열매로서, 평가하는 것은 산천 초목 및 짐승들과 함께하는 우리 인간의 일상성과 보통성의 부정이며 결국 순환성을 기본으로 하는 땅 자체에 대한 거부로 보인다. 그러나 인간의 유한성, 즉 죽음은 인간의 죄의 삯도 아니며 그렇기에 그로부터 도피해야 할 필요도 없다. 따라서 이를 거부하는 것은 반자연주의 반 생태주의의 특성을 띨 수밖에 없는 것이다. 기본적으로 생명이란 상호의존성 속에서 그리고 서로 간의 계약을 통하여 풍성함을 얻게 되고 전 우주적 관계성의 차원을 지니고 있다. 그렇기에 인간의 삶에서 죽음과의 연대성을 부정하는 것은 자신의 안정을 위해 착취적인 폭력을 정당화하는 죄의 핵심이다.[57]

생명신학은 (생물이든 무생물이든) 존재하는 모든 것이 자신과 그리고 (실재하는 것이든 잠재하는 것이든) 존재하는 다른 모든 것과 같은 관계이자 상호작용이며 대화이다. 생명신학은 단지 자연하고 관련 있는 것(자연생태학)이 아니라 무엇보다도 사회나 문화와 관계가 있다(인간생명신학, 사회생명신학 등). 생명신학 전반에서 존재하는 모

---

56 이정배, 「기독교의 자연관」, 『환경과 종교』 (서울: 민음사, 1997), p.50.
57 Ibid., p.53.

든 것은 공존한다. 모든 것은 모든 점에서 모든 것과 관련되어 있다. 즉, 이 상호 연관성에 파괴가 죄이다.

3) 초월성

만일 하나님의 영이 창조세계에 내재한다면 그것이 창조세계에 대한 하나님의 친근한 관계를 나타내며 모든 실재의 전일적·상호의존적·관계적 성격을 강조하여 생명신학은 종전에 하나님의 초월성과 연계시켜서 생각했던 현재의 악에 대한 심판과 미래에 대한 약속을 재해석하도록 요구한다.[58] 생명은 인간이 범접할 수 없는 하나님의 내재적 초월성이다

4) 먹어야 사는 인간

전통신학에서는 인간이 지구를 종속시킬 전적인 '권리'를 위임받았다고 하였는데 이제는 인간의 권리보다는 하나님의 선물이고 생태적인 가치를 지닌 창조세계를 돌보고 더불어 조화롭게 살 책임을 강조하게 해준다. 그러나 생명신학은 욥기 시편에서처럼 인간은 창조세계로부터의 인간의 독립성보다는 다른 생명체와 상호의존성을 강하게 주장하는 인간관에 대한 새로운 시각의 전환을 요구한다.

이제는 인간만이 하나님의 형상인 것이 아니라 자연도 하나님의

---

58 선순화, op. cit., p.168

형상일 수 있기에[59] 인간은 자연의 통합적인 한 부분이 된다. 물질 자체가 하나의 에너지 결정체이다. 따라서 육체와 영혼, 물질과 정신을 말하는 것보다는 에너지와 생명에 대해 이야기하는 것이 바람직하다. 인간은 더 이상 현실 위에 서서 현실을 지배하는 것이 아니라 현실의 일부로서 현실의 가운데에 서서 우리가 보존하고 존중해야 할 전체에 참여하고 이 전체를 모든 측면에서 펼쳐낸다. 영을 육체와 대립하는 인간의 일부로 보지 않고 생명 또는 생명력의 원천으로서의 인간 전체로 본다. 대립하는 것은 물질과 영 또는 육체와 정신이 아니라 생명(영)과 죽음(생명의 부정)이다. 생명의 논리는 선물이고 가져 줌이며 다른 생명이나 모든 타자와의 친교이다.[60]

생명신학에서 본 인간의 독특한 역할은 지배에서 찾는 것이 아니라 감사와 존중과 존경하는 마음으로 창조세계를 하나님께 열람시켜 드리는 것이다. 먹지 않고는 살 수 없으며 이는 생명과 직결되는 문제이다. 먹는 일은 생명의 작용 그 자체이다.[61] 모든 생명은 저마다 먹을거리를 먹어야만 살아 갈 수 있다. 특히 사람은 아마도 모든 생물 종들 중에서 가장 많은 것들을 먹는 종일 것이다. 먹지 않고는 살 수 없다. 먹는 기쁨은 바로 나의 생명이 살아가는 기쁨이다. 그리고 올바르게 먹음으로써 세상 살리기에 참여하게 되는 원리를 알아야 한다. 물 마시는 일, 소금 먹는 일, 밥 먹는 일 등 이 모두를 진리에 맞게 올바르게 하면 내 몸과 내 가족이 살 뿐만 아니라 이 땅과 바다가 살아날 수 있음을 알아야 한다. 모든 먹을거리를 다루는 사람들은

---

59 Langdon Gilkey, Nature, Reality, and The sacred: *The Nexus of science and Religion*, (Minneapolis: Fortress Press, 1993), pp.175 - 192.

60 레오나르드 보프, 김항섭역, 『생태신학』 (서울: 가톨릭출판사, 1996), p.71.

61 장택희, 『살림의 논리』 (대구: 녹색평론사, 2000), p.58.

자신들이 바로 생명을 다루고 있음을 알아야 한다. 먹는 사람은 내 앞에 놓인 먹을거리의 소종래(所從來; 여기까지 온 경로)를 알아 고맙게 먹을 줄 알아야 한다.[62] 먹는다는 것은 살기 위한 단순한 수단이 아니라 삶의 매우 중요한 부분이다. 즉, "살기 위해"라고 말할 때 '살기' 속에 이미 '먹기'가 표현되어 있다. 즉, 살기와 먹기는 같은 현상을 다른 관점에서 표현한 것으로 볼 수 있다.[63] 김용옥은 몸에 지은 죄는 질병이요, 자연에 지은 죄는 환경파괴다. 이 양대 질병의 구원 없이는 천지는 변절한다고 말하였다. 자연의 죽음은 먹을거리의 죽임이요, 인간의 죽음을 의미한다. 자연을 죽게 만들면 물, 공기, 흙(식물), 태양에 의지하는 인간도 죽게 된다. 인간을 이해하는 데 있어서 영과 육의 구분은 인간의 몸을 부정적으로 보았다. 이런 구분은 철학속에서뿐만 아니라 기독교 전통 속에서도 발견된다.[64] 우리가 생물을 볼 때마다 우리는 연결망을 보는 것이다. 모든 것들이 보다 큰 연결망 속에 포괄되는 연결망 또는 그물망의 복잡한 패턴을 형성한다.[65]

안드레이 타르코프스키의 『봉인된 시간』에서 시종일관 이야기하고 있는 것은 자기희생의 가치에 관해서이다. 그는 이런 희생의 가치가 망각된 것이 현대 사회의 가장 큰 비극인 정신적 불모성의 원인이라 했다. 자기희생의 능력이 결핍된 사회는 이미 인간 사회이기를 포기한 것이라고 타르코프스키는 말했다.[66]

해월 선생은 천지만물이 한울님을 모시고 있지 않은 것이 없고 따

62 Ibid., pp.173 - 175.

63 Ibid., p.195.

64 이병길, op. cit., p.22.

65 F. 카프라, 김용정, 김동광 역, 『생명의 그물』 (서울: 범양사, 1998), p.117.

66 김종철, op. cit., p.33.

라서 생물이 살기 위해 다른 생물을 먹는 행위는 한울이 한울을 가지고 자기를 먹여 살리는 일이라 했다. 실은 모든 생명이 다른 생명에 대하여 공양의 관계, 즉 희생과 헌신 사랑의 관계를 맺는 것이 이 우주의 근본 짜임새이다. 내가 먹어치우는 이 물건과 이 생물이 그 속에 한울님을 모시고 있는 거룩한 존재라는 사실은 항상 기억해야 한다. 모든 것은 하나의 생명으로 통일되어 있음이 분명하다. 저 산을 밀어 올리고 있는 힘, 그것이 나를 살아있게 하는 것이라는 직관을 받아들이는 생태학적 감수성이다.[67] 여기 살아있는 인간, 식사하는 인간의 그 마음과 기운 안에는 처음도 없고 끝도 없는 생명의 전 우주적인 역사가 살아있다는 이야기가 된다. 과거와 현재와 미래가 현실의 생활 속에서 실현되고 있다.[68]

더 잘사는 것은 중요하다. 그러나 그보다 더 중요한 것은 먼저 '사는 것'이다 살 수 없으면 무슨 희망이 있어 더 잘살 욕심을 부릴 수 있겠는가? 강아지풀이 정교한 로봇보다 정교한 것은 자기 안에 생명력이 깃들어 있다는 것이다. '생명창고'는 생명력이 저장되어 있는 창고이다. 사람끼리만 모여도 살 수 없다. 냇물에 피라미, 강아지 똥, 강아지 풀, 공생의 길, 상생의 길을 가야 한다.[69] 우리는 성공하기 위하여 불러진 존재가 아니라 신실해지기 위해 불러졌다. 생명신학은 경쟁적 자아를 초극하여 연약한 타자를 나의 구원 주체로 여기면서 나 자신 안에 불고 싶은 대로 부는 하나님의 영의 활동 공간을 자리 매김 해야 할 것이다. 자신의 자아를 끊임없이 확장하여 자신 속에서 우주를 보며

67 Ibid., pp.37 - 38.
68 김지하, 「개벽과 생명운동」, 『환경과 종교』(서울: 민음사, 1997), p.208.
69 윤구병, 「농촌은 인류의 생명창고다」, 『녹색 평론』통권 제62호 (2002. 1.2), p.11.

우주 속에서 자신을 발견하는 인간의식의 확장은 생명신학의 본질이다.[70]

먹기 위해 살든, 살기 위해 먹든 먹는 것과 사는 것은 하나이다. 먹을거리가 죽어 가고 있는 현실에서 살아있는 먹을거리가 생명유지에 있어 소중하다. 영·육 이원론의 인간이 아니라 단일체, 즉 살아있는 몸을 가진 인간이다. 생명 그물망 속에 인간임을 모르고 경쟁 속에서 자기희생 없이 살며 식사 한 끼가 전 우주적 역사에 참여하는 것이며 먹는 것은 다른 생명들과 모든 타자와의 친교이다. 자연의 죽음은 먹을거리의 죽임이요, 인간의 죽임을 의미한다. 이제는 자연도 하나님의 형상일 수 있기에 인간은 자연의 통합적인 한 부분이다. 인간은 물질과 정신, 육체와 영혼이 아니라 생명(영)과 죽음(생명의 부정)이다.

5) 종말

서구신학의 종말은 하나님의 통치가 언제 시작해서 언제 완성될지 시간에만 관심을 주었지 어디에서, 어떻게, 즉 장소와 방법에 대해서는 소홀했다는 지적이 있다. 반면에 생명신학은 장소를 중심으로 생각한다. 하나님의 통치가 땅, 산, 물, 하늘과 관련하여 어디에서 어떻게 발견되는가에 관심한다. 장소에 뿌리를 내림은 문화와 영적 생활을 형성하는 데 있는 창조세계와 하나님 관계를 맺는 우리 삶과 공동체에 구체적으로 드러나게 하기 때문이다. 그래서 생명 파괴의 오늘 현실은 스스로 종말로 가고 있다고 해도 과언이 아니다.

---

70 이정배, 『신학의 생명화 신학의 영성화』 (서울: 대한기독교서회, 1999), p.272.

7. 제2장 요약

한국에서의 생명신학에 대한 논의는 1990년 세계 교회 협의회(WCC)가 서울에서 정의, 평화, 창조질서의 보전(J. P. IC) 국제 대회를 가진 데서 비롯되어 1994년에 시작된 것이다. 생명신학, 생명의 신학, 삶의 신학, 생명현상에 포함한 모든 주제를 다루는 생명신학은 광범위하다.

본서가 주로 논의하고자 하는 것은 사회정의 중심에 생명 중심을 다루는 것이다. 성서에서 생명의 시작과 유지, 그리고 끝이 하나님과의 관계에서 어떤 의미가 있는지를 신앙적 관점에서 표현한다. 구약에서 생명은 하나님의 영역으로서 생명의 창조, 생명의 상호 연관성, 생명의 상징, 생명의 유지를 다루고 신약에서는 생명은 공관복음에서 예수 메시지 중심은 종말 지향적 하나님의 나라였으며 미래적인 생명에 있다. 요한복음에서는 종말론적 구원은 생명이란 개념이다. 그의 생명은 하나님과 기능적으로 하나 됨이며 사랑으로 실현된다. 바울에게 있어서 영원한 생명은 기독교 실존에 최종목표이다. 그래서 생명이란 칭의의 결과로 마지막 아담이신 부활하신 분의 생명의 은혜에 참여하는 것이다. 그리고 신앙인은 그들 자신의 생명이 아니라 그리스도의 생명이다. 기독교적 생명관은 창조신앙에 뿌리를 두고 있다. 생명은 주인이신 하나님의 선물이다. 그리스도가 신앙인들에게 당신의 생명을 주어 그 생명력이 그들 안에서 작용한다. 이 생명은 육체를 넘어 계속 될 수 있다.

창세기 1장 31절 하나님의 '심히 좋으심(מאד טוב)'에서 생명의 정의를 추론했다. 여기에 기존 생명현상을 바라보는 생명을 풍성케 할 생명신학적 발전으로서 인간과 모든 피조물에게 주어진 하나님의 약속을 다루었다. 우주를 그리스도의 몸으로 표현하는, 그분의 존재 방식이 신체성과 공동체성에 있음을 증명하는 성만찬을 다루었다. 또 억압과 착취를 바로잡는 희년 전통에선 주님의 희년 선포를 다루었다.

생명현상을 바라보는 신학적 패러다임의 변화(창조, 죄, 초월성, 먹어야 사는 인간, 종말)를 다루면서 이 땅 먹을거리의 심각성을 고려하여 먹어야 사는 유한한 인간의 존귀함을 중점적으로 다루었다. 나아가서 생명을 풍성케 할 생명체인 인간이 신체의 건강과 공동체의 건강과 생명권의 건강이 필요하다. 여기에 생명(영)과 죽음(생명의 부정)에서 생명신학이 필요해진 것이다.

제 3 장

◆
◆
◆

생명공학(유전자 조작)에
나타난 문제

생명공학은 모든 생명체에 광범위하게 영향을 미쳐서 임학, 농사, 축산, 채광, 포장, 건축재료, 약, 식품, 음료 등 앞으로 이 생명공학 발전은 먹을거리, 결혼, 탄생, 우생, 그리고 자녀양육, 교육, 일, 정치, 신앙과 지구와 그 안에 있는 지각 위치까지 큰 영향을 미치게 될 것이다. 유전자는 이 생명공학 세기에서 금이라고 생각된다. 생명공학을 조절하는 경제적 · 정치적 세력은 앞으로의 세계 경제를 지배하게 될 것이다. 이미 재벌들은 희귀한 유전자질을 가진 식물, 동물, 인간을 발견하기 위해 세계를 돌아다니고 있고 그들로부터 얻어낸 유전자를 소유하기 위해 지적 소유권에 대한 법적 특허를 얻고 있다.[71]

1. 유전자 조작의 철학

약 3000년이나 된 구약적 세계관과 빨라야 400년 정도밖에 안된 근대 서양의 인간 중심적 태도 사이에 직접적 인과 관계를 설정하기에

---

71 서 로벨또, 『그리고 하나님 보시기에 참 좋았다』 (서울: 열린, 2001), p.98.

는 양자 사이에 엄청난 시간적 성서 자체의 세계관보다는 르네상스와 유명론적 신관이 더 중요한 역할을 했다. 즉, 신의 선함이나 진리보다는 신의 절대적 힘을 강조하는 신관에 따라서 하나님의 형상으로 지음 받은 인간은 자연히 과학 기술을 통해 힘을 추구하는 존재로 되었다.[72] 유럽 중세 사회를 지배해 온 가톨릭 신학의 주제는 analogia entis였다. 즉, 자연과 자연 사이에는 존재 유비가 있다는 것이다. 자연 속에는 초자연적인 흔적이 다 들어 있다는 것이다. 이런 중세의 세계관은 데카르트의 세계관에 의해 파괴된다. '나는 생각한다. 고로 존재한다.' 생각하는 주체인 나만 살아있고 중요하며, 나 외의 나머지 것들은 죽어 있는 물체로 대상화 · 객관화된다. 데카르트의 기계주의적 세계관 속에 나타난 신관은 이신론이었다. 이신론이란 인간사회나 자연의 개개현상에 직접 간여하는 것이 아니라 인간 사회나 자연이 따라야 할 법칙을 만들었고 이 법칙에 따라서 인간 사회와 자연이 운행된다고 보는 이론이다. 17세기 후반 뉴턴에 의하면 천체가 기계적인 일정한 법칙에 따라 운행됨이 밝혀짐으로써 중세까지의 유지되어 왔던 인격신론이 무너지게 되었다. 이러한 기계론적 세계관의 발전과 조화를 이루는 기독교의 유신론이 이신론이었다. 이신론에 의하면 뉴턴이 발견한 자연 법칙은 신이 만든 섭리이다. 이는 데카르트의 기계론적 우주관을 발전시켜 뉴턴이 완성했나고 하여 '데카르트 뉴턴적 기계론적 우주관'이라고 명명된다. 이런 신관은 정통적 기독교의 창조신앙을 왜곡시켰고 신의 활동성과 역사성을 간과해 버렸다.[73] 그래서 정신과 물질을 분리시키고 육체는 대상화되어 하나의 물질에 불

72 J. Moltmann, *Gott inder Schöpfung*, pp.41 – 47.

73 장형식, 「신자유주의에 대한 생명신학적 비판과 대안」, 감리교신학대학대학원, p.24.

과한 것이 된다. 인간과 그들의 둘러싼 자연, 환경의 분리, 분리의 세계관이 확립된다.[74] 그는 물질적 세계를 기계론적 인과율을 통해서 설명하고자 했는데 세계를 하나의 커다란 기계로 이해했던 것이다. 유기체적 · 복합적 · 전일적 현상을 항상 그 구성 성분으로 분석 환원시킴으로써 이 세계를 분리된, 독립적 실체들의 무감각한 수학적 종합으로만 간주하게 했다.[75]

하이젠베르크의 말대로 정신과 물질, 영혼과 육체, 자연과 인간을 구별한 데카르트 이원론은 인간의 주체성을 확립시킨 대가로 자연에 대한 착취를 인정해 주었으며 본원적으로 생명 그물망으로서 생명을 인식하지 못했다. F. Bacon에 와서는 자연은 창녀의 메타포로 이해되기에 이른다. 창녀에 비유된 자연은 이제 돈만 투입하면 인간에 의해 마음대로 다룰 수 있는 것으로 취급된다. 베이컨의 모토는 "자연 속에 어떠한 비밀도 남겨 놓지 말라 자연의 비밀을 하나하나 모두 확인하고도 그리스도의 구원을 이루자" "아는 것이 힘이다"였다. 베이컨, 데카르트, 뉴턴 등에 의해 확립된 기계적 세계관은 생명이 없는 물체 운동하고 있는 물질, 무기물, 기계를 위해 만들어진 세계관이었다는 사실이 중요하다. 이러한 기계론적인 사고의 틀은 인간을 단순한 생산의 수단인 도구로 생각하게 만들었다. 이제 인간은 하나님의 신성을 지닌 존재에서 생산의 요소로, 그리고 기계의 모습을 한 도구로 바뀌어졌다는 것이다. 이런 리프킨의 진술은 신자유주의가 형성될 수 있는 중요한 토대인 기술 산업 사회의 철학적 배경이 된다.[76]

---

74 권영근, op. cit., p.35.

75 염창선, 「기계론에서 전일론으로의 패러다임 변화 연구」, 감리교신학대학원논문, 1991, p.2.

76 J. 리프킨, 이영호 역, 『노동의 종말』 (서울: 민음사, 1996), p.69.

새로운 자본주의의 얼굴인 신자유주의 이러한 신자유주의 세계관은 무엇일까? 기계론적 세계상은 자본주의의 시초인 고전적 자유주의 경제학의 이념적 배경이다. 그러기에 신자유주의의 세계관은 기계론적 세계관과 연속성을 갖고 있다. 다만 더 복잡하고 다원화되고 더욱 발전된 형태로 나타나고 있다. 또 하나는 지배 구조적 세계관이다. 현재 신자유주의를 작동시키고 있는 정치 경제 권력 구조는 기계론적 세계상의 산물인 서구 근대 정치사상의 권력 이데올로기를 발전시켜 자신들의 권력 구조를 유지하고 있는데 그 정치 이데올로기는 이미 신흥 부르주아 계급의 득세 후 보수화되고 신자유주의는 신보수주의의 형태를 띤다.[77]

최첨단 과학이라는 생명공학도 그 철학적 바탕과 방법론은 베이컨, 데카르트, 로크 등 계몽사상가와 뉴턴, 다윈 등의 기계적 역학적 세계관과 방법론을 계승하고 신자유주의 체제를 가진다. 이런 세계관과 철학적 토대 위에서 인간은 자연을 파헤쳐 자연의 비밀을 다 아는 '아는 것이 힘'이라는 단계를 지나 신의 위치에서 자연을 조작함으로써 신의 흉내를 내기에 이르렀다. 하지만 이를 통해 자연은 죽어 버렸다. 이들이 기계론적 세계관으로 자연을 해부하기 시작하면서 자연은 죽어 버린 것이다.[78]

우주를 유기체적으로 바라보는 가정이 제거되면서 과학혁명의 가장 커다란 효과라 할 수 있는 자연의 죽음이 완성되고 이제 자연은 내부의 힘이 아니라 외부의 힘에 의해 움직이는 죽어 있고 무기력한 물질로 구성된 시스템으로 보이면서 기계론적인 틀 자체가 자연에

---

77 장형식, op. cit., p.51
78 권영근, op. cit., p.37.

대한 조작을 정당화할 수 있었다. 지속 가능한 농업은 토양의 영양물질 순환에 의존한다. 이것은 토양으로부터 나와 식물의 성장을 지탱해 주는 영양물질의 일부분을 다시 토양에 돌려주는 것을 포함한다. 영양물질 순환의 지속과 이를 통한 토양의 산 출력은 비옥함이 원천으로서 대지를 인식하는 신성한 되돌려주기 법칙이 근본이 된다. 녹색혁명은 화학 비료를 필요로 하고, 토양에 되돌려 줄 산물을 만들어 내지 않았다. 녹색혁명은 대지는 무력하다는 가정을 바탕으로 한다. 그렇지만 생명공학 혁명은 씨앗의 생산력과 자기 재생 능력을 강탈하면서 기술적 수단과 재산권이라는 두 가지 방법으로 씨앗을 식민화한다.[79]

신자유주의는 세계적인 독점 경제 체제를 가진 두 요소가 있는데 하나는 글로벌 경제 체계의 출현이고 다른 하나는 초국적 기업이다. 이 두 요소는 서로 동조 공생하는 관계를 필연적으로 갖게 되며 자본주의의 무한한 확대이다. 신자유주의는 미국이 주도하는 세계화의 경제적 논리이고 제3의 길은 세계화를 적극적으로 수용하는 하나의 방식이다. 세계 시장 형성은 경제, 정보통신, 문화, 정치통합의 측면에서 동시에 진행되며 공간적으로(전 지구화) 시간적으로(동 시대화) 이루어지는 규모나 속도가 아니라 세계화 방향과 내용 그 본지이다. 세계화는 함께 잘 먹고 잘살자는 도덕적인 운동이 아니라 무자비한 밀림의 법이요, 경쟁력 없는 민족에게는 파멸할 자유를 보장해 주는 무서운 법이다.[80]

오늘날의 세계화는 패권주의적인 단일국가(미국)를 중심으로 세계

---

79 반다나 시바, 『자연과 지식의 약탈자들』 (서울: 당대, 2000), pp.93 - 99.
80 최연구, 『세계화의 현대사회 읽기』 (서울: 한울: 2000), pp.3 - 7

가 재편되는 과정이고 그 속에서 단일국가의 헤게모니가 일방적으로 관철되고 있기에 위험하다.[81] 신자유주의는 인간과 인간의 관계를 파괴할 뿐 아니라 인간과 자연과의 관계도 파괴한다. 생명은 여러 가지 다양한 순환으로 구성되어 있으며 다수의 순환들이 조화하는 동적인 집합이다. 그리고 생명은 밖에서 보면 '흐르는 계'이며 안을 들여다보면 다수의 순환으로 이루어진 계라는 것이 특징이다. 이러한 다양한 순환을 적극적·주체적으로 유지하기 위해 활동하는 계기가 '살아있는 계'이며 이것이 생명이 가지는 고유한 본질이다. 생명의 순환을 유지하기 위해서는 여분의 물 엔트로피와 열 엔트로피를 생명체 밖으로 버려야 한다. 이와 같이 계속적으로 버려야 생명이 유지되는 것이다. 엔트로피 법칙에 입각해서 볼 때 가장 중요한 순환은 물 순환, 대기 순환, 생물 순환이라고 한다. 지구상에는 동물, 식물, 균류, 미생물이 서로 공존하고 있으나 이들은 적당한 정도의 수분을 사용하며 서로의 사체와 배설물을 해체하고 소화하고 최종적으로는 물과 흙과 탄산가스로 분해되어 다시 흙으로 환원되는 운동을 한다. 이와 같이 다양한 생물이 공존 상생하는 순환 구조를 생물순환이라고 한다. 이때 물(物) 엔트로피 – 열 엔트로피 – 물(水) 순환으로 전환되면서 여분의 엔트로피를 처분하게 된다. 즉, 생물 순환은 물의 소비에 의해 진행되며 물 순환에 의해 엔트로피는 폐기처분되는 것이다.

그런데 현대문명은 오직 인간만이 이 지구의 지표에서 살아야 한다는 것을 목표로 해서 다른 생물과의 공존, 상생을 망각하고 있다. 인간에게 해로운 생물도 인간이 이 지구상에서 계속 살아가는 데 필요한 존재라는 사실을 잊어버리고 그것을 제거해 왔다. 적대적 상생

---

81 Ibid., p.7.

을 무시해 온 결과가 다름 아닌 제초제 내성 GMO이다.

생물순환의 안전성을 보장하는 또 다른 조건으로서 폐기물을 일시적으로 버리거나 퇴적시키기 위해 '충분한 크기와 용량의 공간'이 필요하다. 폐기물을 버릴 수 있는 공간이 없다면 생물순환은 중단된다. 석유 문명 시대의 또 하나의 큰 문제는 에너지나 자원의 고갈보다는 그것을 이용한 결과, 발생하는 폐기물을 버리는 장소가 고갈되고 있다는 점이다. 엔트로피 법칙에 따라 반드시 폐기물과 폐기 열이 발생하고 그것을 처분할 수 없으면 생물순환은 물론 사회의 활동도 정지될 수밖에 없다. GMO처럼 경험을 가진 상품은 원자력 발전 뒤에 발생하는 핵폐기물과 같다. 폐기물 문제를 생각하지 않는 상품은 결함이 있는 상품이다. 따라서 엄격한 제조물 책임법의 적용을 받아야 한다. GMO 상품은 폐기 전 GMO로 인해 발생한 오염에 대한 대책이 전무하다는 점에서 대단히 심각하다. 유전자 조작된 생명체는 현재로서는 순환하는 생물자원이 아니다.

GMO의 외부 순환은 석유문명에 기초한 녹색혁명과 같은 토대 위에 있기 때문에 생물 순환과 물 순환을 파괴하고 있을 뿐만 아니라 내부의 생물 순환도 유전자 조작에 의해 그 안전성이 전혀 보장되고 있지 않다는 것이 GMO의 자연과학적 본질이다. 생명 순환의 다양성의 본질은 관계성에 있다. 개체 순환을 뛰어넘는 순환성이 없으면 다양성은 존재할 수 없지만 생명 활동의 다양성의 전개는 먹이사슬 등을 통해 생명계에서의 순환성의 지속을 보장한다. 때문에 관계성을 본질로 하는 다양성이란 자연의 가장 강한 표현력인 동시에 생태학적 평등을 보장하는 것이다. 인간도 생물이기 때문에 순환성과 다양성 및 관계성이 충족되어야 잘 살아갈 수 있다. 풀잎 하나라도 그 생과 사에 따라 우주 에너지 변화 전체에 영향을 준다. 아무리 미미한 생물이라도 그 자체가 유일무이한 존재라는 것이다.

GMO는 기계적 세계관과 19세기의 과학주의적 방법론 요소(환원주의[82], 방법론적 개인주의), 그리고 무기화된 자연관에 토대를 둔 과학기술에 무한한 신뢰를 보내는 과학기술 신앙이라는 종교로 되고 있다는 점이다.[83]

2. 유전자 조작

생명공학의 기본 기술로서는 보통 발생 문화를 활용하는 기술로서 난, 배의 이용과 세포를 조직 배양, 세포융합, 유전자 조작, 미생물, 효소 이용을 고도화시킨 Bioreactor등 네 가지를 들 수 있다. 생명공학의 핵심적 기술은 유전자 조작이다. 유전자 조작 기술은 세포에서 특정의 유전자에 상당하는 DNA의 조각을 추출, 가공하여 다른 세포에 도입하여 그 세포에 원래 있던 유전자와 똑같이 유전시켜 발현시키는 기술이다. 유전자 조작 기술은 종래 육종방식 세포융합이나 조직 배양보다 새로운 시도이다 첫째, GMO(Genetically Modified Organism) 기술에 의해 교배, 생식 적인 과정을 통하지 않고 분자의 형태로 세포에서 세포에서 세포로 직접 이식되고 형질 전환 조작된다. 종래의 육종방식에서

---

82 환원주의: 기계론적 생명관은 생물체의 모든 면을 그 최소의 구성분으로 환원해서 이 구성분이 상호 작용하는 메커니즘을 연구함으로써 생명현상을 이해할 수 있다고 생각한다. 분자생물학과 유전공학이 그 꽃이다.

83 J. 리프킨, 『바이오테크시대』 (서울: 민음사, 1993), p.46.

는 교배 가능한 동종 또는 근연 종간에 한정되었던 유전자의 교환이 바이러스를 포함하여 모든 생물에로 확대됨으로서 "종의 벽"이 허물어 졌다.[84]

150억 년부터 하나님의 섭리로 충분히 만족할만한 능력을 받은 유전자 생산과정을 우리는 별 생각 없이 아이들처럼 장난하는 뜻으로 대개는 돈을 벌기 위하여 유전자를 조작하는 생명공학으로 파괴하고 있다.[85] 살아있는 생명체에 대한 인간의 조작이라는 면에서는 여전히 비결정과 예측 불가능성을 특성으로 하고 공학적 패러다임에 있어서 구상과 실행 사이의 간극이라는 문제와 더불어 이익과 보상은 누가 소유하고 위험과 피해는 누가 부담할 것인가라는 문제에 존재하는 간극도 지적되어야 한다.[86]

1) 농산물의 유전자 조작

유전자 조작 기술은 부분적인 합리성에 매달리다가 전체 국면을 돌이킬 수 없이 손상시키는 전형적인 현대 기술의 무모함과 무책임성을 대변하는 기술이다. 이것은 자신이 운명적으로 죽는 존재로 태어났다는 사실마저 부정하려고 하는 엄청난 교만, 끝없는 자기 확대를 겨냥하는 권력 욕망의 극치다.[87] 유전자 조작 식품이 처음으로 실용화된 것은 1988년으로 스위스 기업이 개발한 키모신이라는 효소이

---

84 권영근, 『기독교사상』, op. cit., p.50.
85 서 로벨또, op. cit., p.159.
86 반다나 시바, op. cit., p.53.
87 김종철, op. cit., p.235.

다. 이 효소는 GM 치즈인 채소치즈를 만드는데 유전자 조작을 통해 양산할 수 있었다.

(1) GMO의 특징

GMO의 특징은 다음과 같다.

① 자연적 상태 그대로 둔 채로는 어떤 수단을 동원하더라도 발생이 불가능한 것을 가능하게 하는 데 있다.

따라서 동물, 식물, 미생물이라는 교배가 불가능한 생물계 사이의 종의 벽은 존재하지 않게 되고, 예컨대 식물의 유전자를 미생물에 주입하여 식물의 대사산물 미생물에게 생산시키는 것도 가능하게 되었다. 따라서 GMO는 인류 역사상 지상에 없었던 새로운 생명체의 탄생이다. 유전자 조작 기술이 지금까지의 기술과 다른 점은 DNA를 인간이 직접 조작, 통제할 수 있도록 되었다는 점이다. 폐암 진단 약을 생산하는 담배, 백신이 든 바나나, 인슐린을 만드는 담배, 감염 백신을 만드는 감자, 인터페론을 만드는 담배 등도 유전자 조작으로 만들어질 수 있는 가능성이 있다.[88]

② 품종개량 기간을 단축시킬 수 있다.

③ 제초제 내성 GM작물과 살충제를 뿌리지 않아도 되는 GM작물을 개발하고 있다(계약, 판매, 생명물질특허, 로열티 지불-종자 값이 비싸다).

GM작물을 만드는 기술의 핵심은 도입하는 유전자와 그 유전자의 도입방식인데 유전자를 세포에 도입할 때 활약하는 것이 벡터인데

---

88 권영근, op. cit., p.52.

이는 유전자를 운반하는 집이라고 할 수 있다.

GM 콩(콩기름, 두부, 메주, 대두박 사료, 화장품원료, 음식료품, 가공 산업원료로 사용, 대두박은 최근 햄버거 스테이크의 중량 재료로 사용), GM 옥수수(식용유, 전분, 사료, 탄산음료의 감미료인 콘시럽, 스위트너 원료 등), GM rape(유채기름, 유채 깻묵, 비료로 사용), 제초제 내성 옥수수와 살충성 목화(식용유 원료로 사용인가), GM 감자, GM 토마토, GM 호박, GM 담배 등 광범위하게 이용되고 있다.

2) GM 농작물은 먹을거리의 안전성을 위협한다

유전자 오염의 위험은 원자력 발전보다 크다. 새로운 유전자가 자연계의 유전자 집단 속에 진입해 버리면 그것을 뽑아 제거하는 것은 불가능하다. 오염된 유전자는 세대에서 세대로, 종에서 종으로 이전되어 점차 복잡하게 된다. GMO에서 가장 문제가 되는 위험성은 도입한 유전자와 그것이 만들어 내는 단백질이 작물 자체에 변화를 일으킨다는 점이다. 유전자 조작을 하면 그를 통한 작물의 세포에 개입하므로 잠자고 있던 유전자에게 충격을 주어 인간에게 유해한 물질이 생산될 수도 있다.[89]

DNA는 죽은 분자로 반응성이 없는 화학적 불확정 분자에 속한다. 따라서 스스로 재생산할 능력을 가지고 있지 못하다. 오히려 DNA단백질로 이루어진 복잡한 세포기관에 의해 기본적인 물질들로부터 만

---

[89] 유전자조작식품반대생명운동연대, 「GMO 무엇이 문제인가」, www.agri-Korea.or.kr. 2001. 6. 7

들어진다. 대개 DNA가 단백질을 생산한다고 이야기되고 있지만, 실제로는 단백질(효소)이 DNA를 만든다. 유전자가 자기 복제를 한다고 말할 때 우리는 유전자에 신비한 자발적 능력을 부여하여 이것을 신체에 다른 일반적인 물질들보다 우월한 것으로 간주하는 것이다. 그러나 만약 자기 복제를 말한다면 이것은 유전자가 아니라 복잡한 체계로서 전체 생물체를 일컫는 것이다. 유전공학은 생물체들이 환경으로부터 격리되어 인지된다는 측면에서뿐만 아니라 유전자가 전체 생물체로부터 격리되어 다루어진다는 측면에서 마찬가지이다.[90]

3) GMO 현재 얼마나 재배되고 있는가?

유전자 조작 농산물(GMO)의 국제 무역은 1998년 300억 달러 규모에 이르렀다. 유전자 조작 농산물의 세계 재배 면적이 3년 사이에 10배 이상 늘어났다. 국가별 재배면적은 미국이 가장 많고 그다음이 중국 1994~1998년 시판되고 있는 유전자 조작 농산물은 옥수수, 토마토, 면화, 콩 등 앞으로 10년 안에 유전자 조작 농산물이 미국 농산물 수출의 95%정도를 차지할 가능성이 있다.[91] 가장 많이 유통되는 것은 수입 대두와 옥수수, 미국 내 50%의 대두(GMO), 옥수수 27%로서 우리나라는 거의 미국에서 수입하므로 포화에 노출되고 있다. 현재 미국의 식탁에서 GMO 식품이 차지하는 비중은 60~70%추정되며 거의 모든 생식품과 가공식품들이 자유롭게 전 세계적으로 유통되고 있다.[92]

---

90 반다나 시바, op. cit., p.60.
91 한스 율리히, 오은경 편역, 『더 이상 먹을게 없다』(서울: 모색, 2001), p.158.
92 유전자조작식품반대생명운동연대, op. cit., p.4.

4) GMO 무엇이 문제인가?

(1) 농민과 농촌 · 식량 안보의 문제

"농민은 인류의 생명 창고를 그 손에 잡고 있습니다. 우리 조선이 홀연히 상공업 나라로 변하며 하루아침에 농업이 그 자취를 잃어 버렸다 하더라도 이 변치 못할 생명창고의 열쇠는 의연히 지구상 어느 나라의 농민이 잡고 있을 것이다." 윤봉길 의사가 『농민독본』에서 한 말이다.[93]

생명창고는 우리 농민의 손에서 멀어지고 그 창고의 열쇠를 쥐고 있을 그 어느 나라의 농민에게 구걸하지 않으면 살길이 없는 막다른 골목에 이르렀다. 오늘날 우리의 가장 큰 비극은 농업문화의 포기와 농업이 죽어가고 있다는 사실에서 온다. 농촌은 식량기지 정도가 아니라 농업은 우리의 삶과 문화의 진정한 하부구조이다. 인간 자신이 흙으로 만들어져 있기 때문에 흙을 떠나서 우리의 참다운 행복이 주어질 수 없다. 농업의 피폐와 농촌 공동체의 해체라는 현실과 정확히 평행 관계를 이루고 있다. 농촌이 죽어가고 있는데 도시 문화가 뿌리 없이 꽃 핀다는 것은 불가능하다. 지금 농촌은 텅 비고 농촌 공동체는 어디에서고 보존된 곳이 없다.[94]

그 구체적 실내용은 다음과 같다.

① 녹색혁명이 이대로 강화되어 온 다국적 기업과 선진국의 농업 지배를 더욱 심화시킴으로써 농민들의 자본 종속이 더욱 심해질 것이라는 점이다.

---

93 윤구병, op. cit., pp.2 - 4
94 김종철, op. cit., pp.38 - 39.

② 우리나라로 한정시켜 보면 유전자 조작 기술은 점차 강화되고 있는 다국적 기업들의 국내 진출과 점유를 더욱 확고하게 만들어 줄 우려를 안고 있다(노바티스, 아벤티스).

③ 이미 전 세계적으로 나타나고 있는 현상이지만 GMO가 점차 분리 유통되면서 GMO를 취급하는 농민과 사 먹는 소비자들에게 전가되고 있다(사회경제적 불평등 야기시킴).

④ GMO에 삽입되는 특성으로 유전자들이 자연적인 과정을 통하여 생태계 전반으로 확산되면서 문제가 야기되고 있다.[95]

제철, 제고장 농산물은 사라졌으며 언제 어디에서 누가 어떻게 생산했을지 모르는 수입 농산물로 우리 식탁은 점령당했다. 쌀을 제외한 국제 곡물상 눈치를 살피며 부르는 가격대로 수입해야 하는 가엾은 신세로 전락하고 말았다. 식량 주권은커녕 식량 안보마저 위태로워지고 만 것이다.[96]

생명공학은 기업의 종자를 부의 창출 기반으로 만들어 주는 바로 그 과정을 통해서 농민이 가꾸어 온 종자의 생명과 가치를 강탈한다. 생명을 소유하기 위해서는 지금까지 그 생명이 누려온 권리와 창조성을 부정해야만 한다. 제3세계 농업 기반에 심각한 영향을 미쳐 농업 기반으로 한 문화적·윤리적 사회구조망을 위태롭게 할 것이다. 전 세계 수억의 농민들의 생계는 WTO와 새로운 생명공학의 위험 속에 그대로 노출되어 있다.[97]

한국에서는 매년 여의도의 50배에 달하는 농지가 사라지고 있으며

---

95 유전자조작식품반대생명운동연대, op. cit., p.5

96 윤정로 외 11인, 『생명의 위기』(서울: 푸른 나무, 2001), p.151.

97 반다나 시바, op. cit., pp.102 - 209.

식량의 자급도는 23%에 불과하다. 가축 사료에 쓰이는 방부제로 오염된 곡물은 100% 수입에 의존하고 있다. 한국은 1960년까지 전체 식량의 90%를 자급자족했지만 지금은 쌀을 빼면 8%정도밖에 안 된다. 먹을거리가 서양식으로 변하고 있어도 값이 싸다는 이유로 수입한다. 돈을 위하여 농사를 버리고 있는 것이다.[98]

자기 나라에서 재배된 쌀, 콩, 채소, 과일로 온 인구가 넉넉히 먹을 수 있는데도 그 나라 인구의 1/3은 하루 1500㎈밖에 먹지 못한다. 이 땅도 결국은 건강을 해치는 수입 식품을 먹는 셈이다. 뉴라운드 이후 거의 모든 나라의 농촌은 파괴되고 먹을거리를 수입에 의탁하게 되면 공급하는 나라는 마음대로 식품 값을 올릴 수 있을 뿐만 아니라 수입에 의존하는 나라를 마음대로 조종할 수 있는 것이다.[99] 그래서 식량안보가 중요함에도 불구하고 심각하다.

(2) 환경의 문제

환경 측면에서 보았을 때 가장 염려스러운 것은 수많은 새로운 유전자 이식 농작물을 도입하여 재배할 때 그 농작물이 스스로 잡초가 되어 버리거나 또한 삽입된 이식 유전자가 수분 과정 등을 거쳐 그 농작물과 매우 가까운 혈연관계가 있는 다른 잡초의 게놈 속으로 뛰어 들어가 경쟁상의 우의를 갖게 함으로써 이웃 생태계를 점령해 들어가 압도하는 것이다.[100]

20종류의 콘 칩을 검사한 결과 9종류에서 유전자 조작 Bt옥수수를

---

98 서 로벨또, op. cit., p.108.

99 Ibid., pp.94 - 95.

100 J. 리프킨, op. cit., p.163.

발견하였다. 대기업의 유전공학으로 인하여 굶주림이 퇴치되기는커녕 반대로 식량 자원의 안전성이 위협받을 수도 있다고 경고한다.[101] 세계적으로 수십만 헥타르에서 재배된 유전자 조작 옥수수와 콩이 국제기구의 어떠한 안전조치도 없이 또는 유엔의 '지구 위험 평가 심의 기구'의 설치도 이루어지지 않은 채 전 세계적으로 유통되고 있다.[102]

GMO는 생태계에 내분비 교란 물질을 더욱 확산시킨다. 해충 및 제초제 저항성 GMO는 저항성 유전자를 생태계 속으로 전이시키며 그 결과 생태계를 교란하는 동시에 해충과 잡초들이 저항성 유전자를 가지게 됨으로써 방제가 더욱 어려워지는 악순환을 겪게 된다. GMO의 재배는 지속 가능한 유기농을 끝장 낼 것이라는 점이다. GMO 꽃가루는 멀리 날아가고 완전 유기농은 없다는 것이다. GMO는 방사능이나 화학물질과는 달리 시간이 갈수록 줄어들기는커녕 더욱 증식한다.[103]

기업의 사회적 윤리문제는 GMO로 사유화 독점화하고 있다. GMO로 몬산토는 미래의 식량을 장악할지도 모른다. 식품의 안전성이 보장되지 않고 있음으로 잠재적 위험 문제, 환경질서 교란, 환경에 미치는 위험성을 살펴보면 다음과 같다.

① GMO 작물 그 자체가 잡초가 된다.

② GMO 작물에 도입된 유전자가 야생식물이 되어 야생신종 잡초로 된다.

101 한스 율리히, op. cit., p.168.

102 Ibid., p.169.

103 Ibid., p.6.

③ GMO 작물이 유전자를 전이시켜 야생 바이러스가 신종 바이러스로 된다.

④ 야생 동식물에도 위험을 초래한다.[104]

유전자 이식 농작물이 전 세계적으로 신속하게 상업화되어 이식 유전자의 흐름이 증가하게 되면 이식 유전자로 오염된 잡초가 결국에는 지구상의 한 지역에서 다른 지역으로 이주하게 마련이므로 유전자 오염이 지구 전체로 널리 확산될 것은 확실하다.[105] 즉, 생명공학의 세기를 위해 준비한 연극 대본의 마지막 장이 머지않아 페스트, 기근, 새로운 종류의 질병 유포로 장식될지도 모른다. 식물의 다양성이 단일화되고 있다. 세계에서 소비되는 식량의 60%가 단 6종류의 식물에서 생산되기 때문이다. 게다가 쌀은 전 세계적으로 단 한 종류만 재배하는 이른바 유전공학의 표준화가 이루어지는 경향으로 흐르고 있다.[106]

인간은 역사적으로 3천 종 이상의 식물을 식용으로 재배해 왔다. 오늘날에는 15개종이 모든 인간 에너지의 85-90%를 공급한다. 이들 중 3개 (쌀, 옥수수, 밀)가 세계의 모든 씨 곡물의 66%를 공급한다. 1920년 러시아의 식물 유전공학자 N. Z. 바빌로프는 거대한 식물 유전자 다양성을 갖고 있는 몇몇 중심지가 있다는 것을 확인했다. 그 모두는 북회귀선과 남회귀선에 연해 있는 저발전국 특히 고립된 산악지역에 집중되어 있다. 새로운 생식질(생물자원germplasm)을 찾아 이 유전적 보고들(멕시코, 페루, 에티오피아, 터키, 티베트)로 갔다. 그

---

104 권영근, op. cit., p.66.

105 J. 리프킨, op. cit., p.170.

106 한스 율리히, op. cit., p.168.

러나 이 유전적 보고들은 적절히 보호되지 못했으며 많은 유전적 자료들이 당장의 용도에 맞지 않을 경우 폐지되었다. 그리고 서구가 지배하는 단작 농업이 다양성의 지역들로 침입해 들어옴에 따라 이 지역들은 획일 종자 지역으로 전환되고 있다.[107]

국제농업연구센터(IARCS)는 제3세계의 식물 유전자 자원을 선진자본주의 국가들의 유전자은행들로 이전시키는 기제로서의 역할을 한다. 유전자 조작 농산물의 대명사적인 라운드 업 레디 소이빈을 개발한 미국계 다국적 기업 몬산토는 식량 증산을 위해 농산물의 유전자를 조작하는 것처럼 광고하기를 서슴지 않는다. 이 때문에 종자와 함께 농약까지 판매하는 이중 수익을 챙길 수 있었다. 식량 증산을 위한 연구개발 성과는 아직까지 한 건도 없다. 대부분 소비자보다 생산자, 생산자보다 공급자의 이익에 충성하는 연구였을 따름이었다.[108]

(3) 건강의 문제

조작 감자를 쥐에게 먹이자 쥐들은 모두 병에 걸렸다. 쥐의 내장 기관이 10% 정도 수축되고 위와 장에 염증이 생겼다. 푸스타이는 1998년 8월 10일 영국 TV에 출현했을 때 이러한 사실을 알렸다. "우리가 유전자를 변형시켜 만든 감자처럼 쉽게 비교할 수 있는 실험으로 증명되기 전에는 나는 유전자 변형 식품을 먹지 않겠습니다." 그는 이 말로 인해 에버딘 로윗 연구소에서 일자리를 잃었다. 새로운 유전자는 자신을 복제하고 다른 생물체에 뛰어들어 아무도 예측할

---

107 존 벨라 포스터, 김현구 역, 『환경과 경제의 작은 역사』(서울: 현실문화연구, 2001), pp.187
 -188.
108 윤정로 외 11인, op. cit., p.148.

수 없는 결과를 가져올 수 있다.[109] GMO는 인체에 대한 유해사상이 완전히 입증되지 않는 상태에서 버젓이 우리 식탁에 오르고 있다. 유해성의 논쟁은 계속되고 있으며 안전하다는 주장은 다국적 기업과 미국 FDA다[(1998. 8 (영) 로웨트 연구소, 조작 감자를 먹인 쥐 면역체계 질병 저항력 저하. 2000. 5. (독) 예나 대학 연구. 조작 유채꽃가루를 먹은 벌의 침 속에 유전자 조작 DNA검출].

  유전자 조작에 의한 대표적인 사고로는 "쇼와덴코의 트립토판 사건"이 있다. 일본에서 유전자 조작한 세균으로 대량생산한 트립토판이 수면 및 정신안정을 위한 건강식품으로 미국에 수입되어 판매되었다. 그런데 유전자 조작에 의한 세균의 변화로 트립토판뿐만 아니라 유해 불순물까지 생산되었던 것이다. 이것을 복용한 사람 가운데 근육통과 호흡곤란을 호소하는 환자가 나오고 사망자까지 발생하는 사고가 일어났다. 박테리아 옥수수의 화분에 의해 해충 이외의 나비유충도 44%나 죽는다는 사실이 밝혀졌다. 유전자 조작 작물의 재배는 지구환경에도 나쁜 영향을 미친다(EU는 박테리아 옥수수의 재배 허가를 동결시켰다).[110]

(4) 사회적 문제

  도시 소비자들 그리고 전 세계적으로도 비싼 GMO를 구매할 수 있는 계층과 싸구려 GMO 식품을 구매해야만 하는 계층 간에 불평등이 야기됨으로써 새로운 사회적 갈등의 불씨를 제공한다.

---

109 한스 울리히, op. cit., p.159.
110 권영근 편, 『위험한 미래』, op. cit., pp.308 - 309.

실험실에서 만든 제2의 창조물을 지구상에 다시 방출함으로써 단기적으로는 성공을 거두지만 그러나 궁극적으로는 우리가 실험하고 있는 생물권의 복잡한 작용에 대한 완전한 지식 부족은 우리를 더욱 압박한다. 왜냐하면 자연은 살아있고 훨씬 복잡하고 변화무쌍한 존재이므로 과학자들이 꼭 들어맞는 예측 모델을 만들 수 없기 때문이다. 결국 생명공학 세기에 우리 자신을 위해 스스로 만든 이 같은 인공적인 신세계에서 길을 잃고 표류하는 우리 자신을 발견하게 될지도 모른다.[111] 정의사회 구현으로 빵의 크기를 고르게 한 것도 중요한 일이지만 지금은 우리가 고르게 하고자 하는 그 빵이 통째로 썩고 오염되어 있다는 사실을 직시해야 한다는 것이다. 모든 자원은 고갈되고, 오염은 확대될 수밖에 없는 문명, 이것은 인간을 더 공격적으로 약탈하게 하고, 영혼 구원만 외치는 종교는 제 살이 썩어도 깨닫고 돌아볼 겨를이 없다. 그래서 이 문제는 무엇보다도 삶의 존재 방식에 대한 철학과 종교적인 반성을 절실히 요구하는 문제다.[112]

세계의 단작이 몰고 갈 식단의 단작, 식단의 단작에서 이어질 필연적인 정신과 문화의 단작은 먹을거리의 불평등은 물론 정치·경제·사회·문화의 불평등 구조를 세계적으로 더욱 심화시킬 것이라고 반다나 시바는 벌써부터 경고하고 있다.[113]

자본주의가 자리 잡기 위하여 수많은 공유지에 울타리가 처지고 대대로 그 땅을 이용해 오던 민중이 내몰림당하면서 공유지가 사유화되었던 역사적 경험을 돌이켜보면 생명 특허가 결코 낯선 것만은

---

111 J. 리프킨, op. cit., p.213.

112 김종철, op. cit., p.82.

113 윤정로 외 11인, op. cit., p.152.

아니다. 토지로부터 시작된 사유화의 경험을 반다나 시바는 식민화되지 않은 마지막 영토라고 말하는 생명체 내부공간에서 다시 발견하는 것일 뿐이다.[114]

콜럼버스 시대에서 500년이 흐른 지금 똑같은 식민화 프로젝트가 특허와 지적재산권을 통해 훨씬 더 세속적으로 지속되고 있다. 다른 사람의 재산을 해적질하여 자신의 재산으로 만드는 행위는 500년 전과 전혀 다를 바 없다. 콜럼버스는 비유럽인들도 정복할 수 있는 면허를 유럽인의 자연스러운 권리로 간주함으로써 이에 대한 선례를 남겼다. 유럽 중심적인 재산권과 해적질에 대한 인식은 WTO의 틀을 구성하고 있는 지적 재산권 법의 근거가 되고 있다. 이제 식민지는 내부공간 다시 말해 미생물에서 식물, 동물 그리고 인간에 이르기까지 모든 생명체들이 갖는 유전자 코드에까지 확장되고 있다.

구아미족은 백혈병을 일으키는 바이러스에 대해 특이한 내성을 가지고 있다고 해서 생명공학 산업의 표적이 되었다.

생물 해적질로 토지, 숲, 강, 바다, 그리고 대기권이 모두 식민화되고, 황폐화되고, 오염되고 있다. 이제 자본의 새로운 식민지는 여성, 식물, 동물의 내부 공간(즉, 육체)이다. 생명에 대한 특허는 자기 조직할 수 있는 자유를 통해 생식, 증식하는 유기체에 내재해 있는 창조성을 사유화한다.[115] 살아있는 생명체에 대한 특허 부여는 두 가지 형태의 폭력을 부추긴다.

① 생물이 단순한 기계처럼 다뤄지게 되고 그러므로 자기 조직하는 능력이 부정된다.

---

114 반다나 시바, op. cit., p.7.
115 Ibid., pp.17 - 27.

② 미래 세대의 동식물에 대한 특허를 인정함으로써 살아있는 생
   명체의 스스로 번식하는 능력 또한 부정된다는 사실이다.

살아있는 생명체는 기계와 달리 스스로 조직하는 능력이 있다. 이
와 같은 능력이 있기 때문에 생명체를 단순한 생명공학 발명품 유전
자, 구성물 또는 지식활동의 산물로 간주하여 '지적 재산권' 보호의
대상인 것처럼 다루어서는 안 된다.[116] 생명에 대한 특허는 인위적으
로 구성되었기 때문에 생명을 소유할 수 있다는 식의 가정을 그 바탕
에 깔고 있다. 유전공학적 패러다임은 살아있는 유기체와 생물다양성
을 인공적인 현상으로 재정의함으로써 생태학적 패러다임의 마지막
영역마저 몰아내려 하고 있다. 그러나 유전공학과 생명공학 기업들의
상업적 이익을 뒷받침하는 환원주의적 생물학 패러다임의 발흥은 그
자체가 조작된 것이라 할 수 있다. 환원주의적 생물학은 점차적으로
2차 환원주의, 즉 유전자적 환원주의로 성격이 변하면서 인간을 포함
한 생명체의 모든 형태를 유전자로 환원하려는 시도를 한다.[117]

(6) 생물의 다양성 파괴

생물 다양성이란 생명체 그 자체의 독립적 개념보다는 생명체 간
의 상호작용이 행해지는 것으로 자연 자체를 의미하며 인류 생존의
원천을 뜻한다. 생물다양성 차원에서 인류도 하나의 종에 불과하고
생물다양성의 충실한 보전 속에서 그 생명을 연장해 갈 수 있다. 그
러나 지금까지 인간 중심의 환경관을 통해 생물다양성을 끊임없이

---

116 Ibid., p.55.

117 Ibid., pp.55 – 57.

파괴해 왔다. GMO는 교배 등 생식적인 과정을 거치지 않은 채 유전자를 분자의 형태로 세포 간 직접 이식하여 형질 전환 및 조작한 것이다. 자연 질서의 주요한 축이었던 종의 벽이 허물어졌음을 의미한다. 인류 역사상 한 번도 존재해 보지 않은 새로운 생명체의 탄생을 의미한다. GMO는 자체가 석유화학 문명에 녹색혁명 농법의 연장선에서 환경호르몬을 토대로 하고 있다는 점에서 환경에 큰 위협을 주고 있다. GMO의 확산은 결과적으로 점점 더 고농도의 내분비 교란물질을 자연 속에 확산시키는 것을 의미한다. GMO는 새로운 생명체이기에 생태질서의 관계 속에서 순환하는 생물자원이 아니며 향후 생물순환질서를 어떻게 교란시킬지 예측할 수 없는 존재이다.[118] 다양성을 파괴하는 세계 5대 생명공학 기업은 영국과 화란의 아스트라제네카, 미국의 듀퐁과 몬산토, 스위스의 노바티스, 독일의 아벤티스 등이 세계 종자 시장의 23% GMO 종자 시장의 100%를 점유하고 있다.[119]

녹색혁명을 통해 생물학적 획일성과 단작에 의해 생물 다양성이 고의적으로 파괴된다. 생물 다양성의 침해는 연쇄반응을 일으킨다. 생물 종 하나의 멸종은 이 종과 먹이사슬로 서로 연결되어 있는 수많은 다른 종들의 변종으로 이어진다. 다양성의 위기는 산업에 필요한 이윤창출의 잠재력을 가진 생물 종들이 사라진다는 것만 의미하는 것이 아니라 본질적으로 생태계와 제3세계 국가에서 수많은 민중의 생계를 위협한다. 생명공학 기술의 출현은 생물 다양성의 의미와 가

---

118 편집부, 「생물다양성 보전 차원에서의 GMO와 토종종자의 의의」, 『농민과 사회』 통권29호 (서울: 한국농어촌사회연구소, 2001 겨울호), pp.8 - 20.

119 Ibid., p.17.

치를 변화시켰다. 다양성은 지속 가능성의 핵심이다. 이것은 상호성과 호혜성의 근본이며, 즉 모든 종들의 행복할 권리, 고통으로부터 해방될 권리를 인식하는 데서 비롯되는 되돌려주기의 법칙이다. 유전공학은 전 세계 생물다양성을 희생양으로 삼아서 단작과 독점을 확대시켜 나감으로써 생태학적 위기를 심화시키고 있다. 사회와 자연에 단일 문화나 단작이 만연해 있는 인종 청소의 현 시대에 다양성을 통한 평화 건설은 생존을 위해서 시급히 해결해야 할 과제로 인식되고 있다. 단일 문화는 다양성의 파괴와 균질화를 그 기반으로 하고 있는 세계화의 기본요소이다. 원료와 시장에 대한 세계적인 지배는 필연적으로 단일 문화를 만들어낸다. 세계화는 특정한 하나의 문화를 나머지 다른 모든 사회에 강요하는 것이다. 제3세계의 생태적 인종적 위기는 다양성 파괴, 분권화 민주주의에 대한 요구와 획일화 · 중앙집권화 · 군국주의화의 요구 사이에 근본적이고도 풀리지 않는 갈등으로부터 발생한다.[120]

생물 다양성의 문제는 윤리적 · 생태적 · 인식론적 · 경제적 차원 등 각각의 차원에서 다양성을 발견할 수 있는 기회이다. 생물 다양성의 보전은 윤리적 인식과도 이어져 있는 지역 공동체들의 문화적 기여의 산물이기도 하다. 나아가 지식 전통의 다수성을 보전하는 것이기도 하다. 오늘 같은 다양성의 조작과 독점의 시대에 씨앗은 자유의 장소이자 상징이 되었다. 씨앗은 작다. 그러나 씨앗은 다양성과 살아남을 자유를 체화하고 있다. 그리고 씨앗은 여전히 문화적 다양성은 생물적 다양성과 주렴한다. 생태적 문제들은 이렇게 사회정의 평화 그리고 민주주의와 서로 결합된다.[121]

---

120 서 로벨또, op. cit., pp.128 - 199.

(7) 유전자 조작 식품 반대 운동

우리의 농업과학기술원에서 이미 개발해 놓은 8개 품목의 유전자 조작 농산물도 본격적인 시장 진출을 호시탐탐 노리고 있는 마당인데 남의 나라에서 개발한 유전자조작 농산물의 문제만 집중 거론하는 것은 이치에 닿지 않는다. '유전자 조작 농산물과 식품은 알 권리가 아니라 안 먹을 권리 차원에서 표시해야 한다'는 것은 개발 주체가 누구인가와 관계없이 안전보다 안심을 요구하는 소비자들의 요구에 따라 안전과 안심을 담보할 수 없는 유전자 조작 농산물과 식품은 시장에서, 연구소에서, 생태계에서 사라져야 한다는 의미이다.[122]

GMO, 사용 기업에 대한 불매운동 ..월 ..일은 식용유 거부의 날, GMO로부터 안전하지 않는 학교급식 거부의 날(엄마 손으로 도시락 싸는 날), 농민들은 수매하는 잡곡과 쌀에 종자 이름과 출처 달기, 우량종자 선별, 종자보존방안 추진, 생명, 식량의 독점을 향한 신자유주의에 대해 소비자와 함께하는 범국민적인 전선 강화가 요구된다.

유전자 조작 식품의 위험은 다음과 같다.

① 알레르기 발생 가능성 – 새로 도입된 유전자에 이해 만들어진 단백질과 기존의 유전자 배열이 달라짐에 따라 생성되는 단백질에 의해 알레르기가 유발될 수 있다.

② 독소 발생 가능성 – 형질에 관여하는 유전자를 도입하여 생산해 낸 단백질이 식품 중에서는 새로운 성분이기 때문에 독소 발생 가능성이 있다.

---

121 Ibid., p.229.

122 Iibd., p.160.

③ 항생 물질 내성의 위험성 – 원하는 유전자의 삽입 여부 확인을 위해 사용하는 항생제 내성 표식 유전자가 사람이 먹는 항생제를 불활성화시킬 수 있고 그 항생제 내성이 다른 미생물에 전이되어 새로운 항생물질 내성 미생물을 탄생시킬 수 있다.[123]

모든 생물의 상호 관계를 취급하는 생태학의 기초적 토대는 엔트로피의 법칙이다. 즉, 생물순환은 물의 소비에 의해서 진행되며 물 순환에 의해 엔트로피는 처리된다. GMO는 지금까지 지구상에는 한 번도 존재한 적이 없는 새로운 생명체이기 때문에 현재로서는 지역 내의 생태질서의 관계 속에서 순환하는 생물자원이 아니다. 생태계파괴, 생물과 공존 상생 망각 등 앞으로 GMO는 생물 순환과 물 순환이 앞으로 어떤 방향으로 어떻게 이루어질 것인지 아무도 모른다.

GMO가 확산될 때는 다국적 기업에 종속이 불가피하다. 농산물 오염 논란과 농업 종속이 우려되고, 다국적 기업의 농약을 계속해서 써야 한다. 나아가서 강자들의 농업 주도권 다툼과 '토종' 변형 유발도 나타난다.[124] 나아가서 유전자 이식 농작물이 또 다른 방법으로 세계의 유전자 자원을 서서히 고갈시킬 위험이 있다.[125] GMO의 결합은 핵폐기물과 같다. 핵폐기물은 반감기를 가지나 갈수록 불어날 것이다. 여기에 대안은 – 유기농, 소농, 직거래 등을 들 수 있다.

---

123 Ibid., p.166.
124 신기섭, 「유전자 조작 농산물을 막아라」, 제3세계 농민들 저항, 한겨레신문, 2002. 4. 8.
125 J. 리프킨, op. cit., p.209.

3. 생명공학의 허구

베이트슨은 인간의 생존에 위험을 가하는 세 가지 주된 요인을 분석했는데 다음과 같다.

① 기술의 발전 ② 인구의 증가 ③ 서구 문화의 가치와 태도상의 과오이다.[126] ①과 ③, 즉 생명공학의 기술혁명, 이원론적 사고 가치로서 유전공학은 역사상 그 어떤 기술혁명보다도 걱정스러운 문제를 제기하고 있다. 생물체의 유전적 암호를 재작성함으로써 수백만 년에 걸친 진화적 발전이 중단되는 치명적인 위험은 없는가? 인공 생물체의 창조는 자연계의 종말을 초래하는 결과가 되지 않을까? 복제 생물, 카메라 유전자 이식 생물들이 우글거리는 세계에서 인류는 외계 생물이 되고 마는 것이 아닌지 모르겠다. 유전공학적으로 처리된 수천 종의 생물체가 만들어지고 대량생산과 거래가 이루어져서 방출되면 돌이킬 수 없는 생태계의 훼손을 초래하여 핵 오염보다 훨씬 위험한 유전자 오염을 야기하는 것은 당연하다.

모든 생명을 '발명품'이나 '상업적 재산'으로 취급하는 세상에서 자라면 정서와 지능에 어떤 영향을 받을 것이다. 생명공학의 세기는 파우스트의 거래 같은 형태로 우리에게 다가온다.[127] 이런 유전공학 기술은 기정사실이 아니라 단지 선택의 문제라는 것을 이해해야 한다. 지구의 유전자 풀(gene pool)이 금전적으로 더욱 가치 있는 자원이 되고 지구의 유전자 자원을 통제하는 경제·정치 세력이 미래의 세

---

126 정홍규, op. cit., p.101.
127 J. 리프킨, op. cit., pp.12-13.

계 경제에 막강한 영향력을 행사하게 될 것이다.[128]

지난 500년간 인류는 지구생물권을 구성하는 거대한 생태계를 영리 목적으로 이용하기 위해 이를 둘러싸고 사유화enclose하여 왔다. 오늘날 식물을 찾아 떠나는 대신에 유전자를 찾아 답사를 떠난다. 21세기 기업들은 상당한 상업적 이익을 가져다줄지도 모르는 특이하고 희귀한 유전자 형질을 찾아내기 위해 남반구 탐험여행에 투자하고 있다. 오늘날 식물에서 추출하여 사용하고 있는 모든 처방약의 3/4는 토착민이 사용하던 약에서 유래한 것이다.[129]

이미 유전자 오염 현상이 나타나고 있다. 다가오는 생명공학의 세기에는 오염된 유전자를 갖는 생물이 번식하고 널리 퍼져 서식지를 파괴하고 생태계를 불안정하게 하며 아직 남아 있는 지구상의 생물학적 다양성을 감소시키게 될 것이다. 유전자 오염 현상은 지구상의 많은 동물종과 인간의 건강에 심각한 위험을 초래하고 잠재적으로 큰 재앙을 불러올 것이다. 실제로 석유화학 제품이 금세기에 위협을 주고 있는 것처럼 생명공학의 세기에는 유전자 오염이 생물권에 적어도 상당한 위협을 줄 것이다. 새로운 유전자 접합 기술은 자연의 벽을 허물었던 모든 생물학적 장애와 경계를 뛰어넘어 유전자를 이전하는 기술은 역사상 전례 없던 묘기이다.[130]

석유 화학 물질과는 달리 유전자 조작된 유기체는 살아 있으므로 환경 속에서 다른 생물과 상호작용 방법을 예측하기가 근본적으로 불가능하다. 그 결과 유전자 조작된 유기체가 지구 생태계에 미치는

---

128 반다나 시바, op. cit., p.81.
129 Ibid., p.101.
130 Ibid., pp.137 - 138.

잠재적인 영향을 모두 평가하는 것은 더욱 어렵다.[131] 유전자 조작된 유기체를 일단 한 번 방출하면 이를 다시 실험실 안으로 회송하기란 실질적으로 거의 불가능하다. 그 유기체가 일단 환경을 황폐화시키면 그 결과는 대단히 크고 회복 불가능할 수 있다.

1) 유전자 조작 식품의 허구

유전자 조작 식품의 허구는 다음과 같다.

(1) 유전자 조작 식품은 식량 문제를 오히려 악화시킨다.

(2) 의료의 불평등 구조를 심화시킬 것이다.

(3) 생명공학이 생태계를 풍요롭게 한다는 주장은 코미디다.

(4) 생명공학은 선택적 교배가 빨라진 것일 뿐 새로운 방식이 아니다. 또 정확하다는 것은 거짓말이다.

(5) 유전자 조작 식품을 먹지 않을 수 있다는 것은 거짓말이다.

(6) 농민들이 유전자 조작 작물 재배로 이익을 본다는 것은 거짓말이다.[132]

생명공학은 누구의 수명을 빼앗으려 하는가? 바로 자신이 사랑하는 후손의 생명이다. 생명공학은 대안일 수 없다. 대안은 생태 사회에 있다. 앞으로의 생명공학은 복제와 유전자 조작이 구별되지 않을 것이다. 복제되는 동물에 조작된 인간의 유전자를 다량 포함시킬 것이 틀림없기 때문이다.[133]

---

131 반다나 시바, op. cit., p.139.

132 서 로벨또, 정마리아 역, 「유전자 문제」, 『살림』 제139호 (2000. 8), pp.56 - 60.

133 박병상, 『파우스트의 선택』 (대구: 녹색 평론사, 2000), p.32.

새로운 생명공학은 생산수단인 동시에 생산율인 씨앗을 단순한 원료로 변환시키는 최신의 도구이다. 상품화된 종자는 생태적으로 불완전하며 단절된다. 그 이유는 다음과 같다.

(1) 씨앗이 스스로 번식하지 못하는 것이다. 즉, 유전자 자원이 재생자원에서 재생 불가능 자원으로 바뀐다.

(2) 스스로 번식하지 못하고 구입된 다른 투입물의 도움을 필요로 한다.

재생을 통한 생태적 생산과정에서 재생물의 기술적 생산과정으로서의 재생을 통한 생태적 침탈이 증가하고 농업적 생물 다양성이 급격하게 감소하는 원인이 되고 있다. 바로 이것이 농업의 빈곤과 지속 불가능성을 구도화하는 근원인 것이다.[134] 나아가 생명공학은 필연적으로 컴퓨터 기술과 더욱 긴밀하게 결합된 것이다. 그 개체에 없었던 유전자를 끼워 넣는 생명공학은 인위적인 돌연변이 양산 기술이다. 돌연변이 유전자를 양산하는 생명공학은 근본적으로 인류의 발전과 관계가 없다. 인간을 위해 가장 중요한 것은 인간에게 가장 적합한 환경과 생태계를 보전하는 일이다. 생태계는 다양성이 보전되었을 때 건강하며 다양성을 잃은 생태계에서 획일화된 유전자는 언제까지 지속 가능할 수 없다.

---

134 반다나 시바, op. cit., pp.100 - 101

4. 제3장 요약

유전자조작의 철학인 기계론적 세계관과 데카르트 철학, 뉴턴의 열역학 제1법칙, 자본주의, 세계화, 신자유주의, 분자생물학에 이르기까지 그 뿌리는 이원론에 근거한다. 다국적 기업이 지원하는 생명공학도 이원론에 뿌리를 둔다. 그 생명공학은 하나님의 창조 지평인 공간뿐만 아니라 마지막 보루인 시간마저 파괴하고 있다. 그래서 정신과 물질을 분리시키고 육체는 대상화되어 하나의 물질에 불과한 것이 된다. 나아가 그들이 둘러싼 자연 환경의 분리, 분리의 세계관이 확립된다.

신자유주의는 인간과 인간의 관계를 파괴할 뿐 아니라 인간과 자연과의 관계도 파괴한다. 그래서 현대 문명은 오직 인간만이 이 지구의 지표에서 살아야 한다는 것을 목표로 해서 다른 생물과의 공존, 상생을 망각하고 있다. 기계론적 이원론으로 파생되는 또 하나로서는 생명을 지속 가능하게 하는 생물학적 순환을 파괴하는 것이다. 생명공학 기술의 핵심인 유전자 조작 기술에 의한 먹을거리의 생산은 콩·옥수수가 아니라 전혀 다른 유전자 구조를 가진 새로운 생명체의 창조이다. 그러나 이것은 이미 존재하고 있는 유전자를 재배열하는 것에 불과한데도 소유권을 주장하고 생물학적 해적질(유전자획득)을 자랑하는 세계에 가진 자와 그렇지 못한 자의 갈등을 초래하고 유전자 조작 식품을 먹지 않을 수 없게 하고 지구의 생명과 생태계, 인류의 건강을 유린하고 있다.

구체적인 GMO의 문제는 농민·농촌·식량 안보문제, 환경문제,

건강문제, 사회적 문제, 생물학적 해적질, 생물의 다양성 파괴 등이다. GMO는 반감기를 가진 핵폐기물보다 더 위험하며 다양성을 잃은 생태계에서 획일화된 유전자는 지속 가능하지 않다.

제 4 장

유전자 조작(생명공학)에 대한
생명신학의 비판

1. 생명공학(유전자 조작)의 구성원리:
기계론적 세계관과 영지주의(탈육체성)

하나님께서 창조하신 세상을 파괴하는 구조 악에 대해 침묵을 지키고 암묵적으로 타협해주는 모습이 더욱 비신앙적이라고 판단한다. 언제부터인가 신학은 과학과 정치, 경제와 같은 학문분야에 자신의 자리를 내어주고 세상의 구조 악에 대해서 방치해 오게 되었다. 그러면서 신학은 기득권을 유지해 왔다.[135] 신자유주의는 비판할 수밖에 없는 당면의 시급한 구조 악이다. 신자유주의 세계관을 형성시켜 주는 세계관은 기계론적 세계관과 기득권층의 지배체계를 정당화해주는 자본주의적 세계관이다.

기계론적이며, 자본주의적이며, 신자유적이고, 환원주의적이며, 이원론을 근거로 한 분자생물학에 뿌리를 둔 생명공학은 생명을 정보로만 인식하여 생명의 실제 본질이란 개념 자체를 탈각시켜가고 있다. 물리학에서 양자역학 및 카오스 이론의 발전과 함께 기계론적 세

---

135 장형식, op. cit., p.2.

계관이 점차 퇴색하면서 도전받고 반면에 생물학에 있어서 환원주의적 유산을 이어받은 분자생물학자들은 1952년 왓슨과 크릭이 DNA의 나선구조를 발견한 이래로 가장 열렬한 환원주의들이 되어 버렸다. 이 발견으로 인해 모든 생물 기능이 분자 구조와 그 메커니즘, 그리고 유전자를 통해 설명될 수 있다는 믿음을 갖게 되었으며 분자생물학이 생명과학에 있어 지배적인 사고방식이 되어 버렸다. 이러한 분자생물학의 발전이 뒷받침된 현재의 생명공학과 GMO기술은 유전자 결정론이라는 환원주의적 과학관의 특징을 일목요연하게 보여주고 있다.

유전자결정론에는 다음과 같은 전제들이 내재되어 있다.

1) 유전자는 정형적인 인과적 연쇄로 특성들을 결정지으며 하나의 유전자는 하나의 특성을 발현시켰다.

2) 유전자는 외부 환경에 영향을 받지 않는다.

3) 유전자는 안정적이며 고정 불변이다.

4) 유전자는 유기체 속에만 존재하며 그것이 삽입된 바로 그곳에 머문다.

환원주의적 세계관과 자연관, 과학관은 생물학의 영역에서 사회생물학의 유전자결정론에 의해 지원을 받으면서 분자생물학과 생명공학의 형태로 그 위세를 떨치고 있다. 그에 따라 점차 유기체적인 자연은 죽고 인간의 능력으로 관리 가능한 기계로서 이윤을 창출할 수 있는 자연자본으로서의 환경만 다시 부활한다.[136] 탈실체화는 종의 경계를 제거하고 생명체를 정보로 환원시킴으로써 기계론적 인간 이

---

136 허남혁, 「유전자 변형 생물체 및 식품의 안전성에 관한 담론 분석」 (서울: 서울환경대학원, 1999), pp.10 - 11.

해의 토대를 강화시켰다. 생명공학자들에게 정보는 영생을 위한 핵심 개념으로 정의된다. 유전자 정보를 무제한 복제함으로써 인간은 선천적인 형질과 후천적인 형질의 구분을 철폐하였고 종교가 꿈꾸던 영생을 과학적으로 실현할 수 있게 되었다.

생명공학은 이 점에서 인간이 물리적 주체라고 주장하는 가상현실 옹호자들의 견해와 일치한다. 결국 몸, 육체가 없는 정보로서 생명체 및 자연세계는 생명에 대한 인간 지배 능력을 궁극적으로 확대시키는 인간중심주의의 산물이다. 몸이 인식의 주체요, 우리가 몸인 주체가 되었다는 것을 부인하는 생명공학의 우주론은 육체 혐오적인 특성을 띠게 된다. 생명 복제는 여성의 몸을 빌리지 않고 여성적 몸을 왜곡시켜 더 많은 생명을 창조하려는 남성 중심의 생식 기술의 마지막 형태이다. 이로써 성육신 사상, 즉 신이 육신을 입었다는 성서 말씀은 인간의 몸을 비롯한 있는 그대로의 전 자연이 하나님 이해의 지평으로 이해되고 해석될 수 있기 때문이다.[137]

스스로 조직하는 시스템은 내부로부터 성장하여 외부를 향해 스스로를 형성시킨다. 반면 외부의 힘으로 조직된 기계적 시스템은 성장하지 않는다. 스스로 조직하는 시스템은 독특하며 다차원적이다. 스스로 조직하는 것은 구조적이며 기능적인 다양성을 보여준다. 그러나 기계적인 시스템은 획일적이며 일차원적이다. 스스로 조직하는 시스템은 스스로 치료하면서 변화되는 환경의 조건에 적응할 수 있다. 그러나 기계적으로 조직된 시스템은 자기치료를 하지도 적응을 하지도 못하고 망가질 뿐이다.[138]

---

137 이정배, 『기독교사상』, op. cit., p.149.
138 반다나 시바, op. cit., p.68.

그러나 몸으로서의 인간은 결코 고립된 단독자가 아니라 관계를 맺는 한 사람의 인격 자체를 가리키는 것으로서 생명공학의 배후에 담겨진 기계론적 인간이해에 대해 의의를 제기하는 것이다. 김균진은 이렇게 말한다. "인간의 영과 혼과 육, 그것은 서로 다르지만 결코 분리될 수 없는 관계 속에서 서로 영향을 주고받으며 전체로서 인간을 형성한다.[139] 영혼의 구원과 몸의 구원이 분리될 수는 없다. 영혼과 몸은 동시적 선교의 과제이다. 건강의 위협으로부터 어떻게 자신을 지키는지가 문화를 이해하는 총체요, 먹을거리의 위기 속에서 대체의 학인 심신의학과 식이요법이 대두된다. 나아가 오늘의 성만찬은 하나님의 창조와 구원 사역의 과거와 미래를 현재에 함께 모으고 그 나라에 생태생명신학과 연결되는 신토불이 사상 속에서 재해석해야 한다. 그리스도의 죽음과 부활을 생생하게 회상하게 하며 세계의 창조와 보전 가운데 부어진 하나님의 모든 선물들을 생생하게 기억하도록 인도한다.[140]

2. 생명공학에 대한 생명신학적 비판: 기계론적 세계관(유전자 조작 식품)을 중심으로

인류문화의 총체적 위기의 문제사적 배경은 카프라에 따르면 다음처럼 설명할 수 있다. 즉, 오늘날의 위기를 가져온 원인은 인류 사회

---

139 이후정, 「영혼과 몸의 관계에 대한 신학적 이해 치유선교」, 『치유와 선교』(서울: 다산글방, 2000), pp.58 - 62.
140 문전섭, 「성례의 의미」, 2001. 4. 28. 목회자신문.

가 직관적 지혜보다는 이성적 지식을, 종교보다는 과학을, 협동보다는 경쟁을, 자연 보존보다는 자연 이용을 일관적으로 선호해 왔기 때문이며 따라서 이데올로기를 넘어 '성장'에 대한 강박관념이 지배적으로 되었고 바로 이것이 경제적 대립의 증대, 사회 조직의 파괴, 무기경쟁을, 자연환경 파괴라는 심각한 문화적 불균형을 초래하게 되었다는 것이다. 또 카프라는 부계 사회적 힘의 논리와 관계 속에서 모든 개체를 독자적 기계부품으로 이행하니 데카르트적 기계론적 세계관이 현대인들 특히 서구인들의 진보적 제국주의적 정신 원리로 봉사되고 있음을 지적하고 있다.[141] 김경재는 기계론적 세계관의 특징은 자연에 대한 이분법적인 사고와 힘의 원리 숭배와 개발 이데올로기로 보고 있다. 기독교가 자연에 대한 이분법적 사고를 묵인하면서 기독교는 이신론으로 변질되었다. 이로써 기독교는 자연을 죽어 있는 것으로 여기게 되었고 하나님의 은총을 인간에게만 주어지는 것으로 보게 되었다. 이로 인해 신학은 자연세계 현실과 연관 없는 영적 세계, 곧 물질 세계와 자연을 떠난 관념적 세계, 즉 몸뚱이를 가지지 아니한 관념적 인간만 다루게 되었다.[142]

생물체가 마치 기계인 것처럼 다루어지게 되면 윤리적인 동요가 발생하게 된다. 생명은 고유의 본질적 가치를 지닌 것이 아니라 도구적인 가치만 가진 것으로 간주된다. 대규모 공장식 가축 생산 부문에서는 생명에 대한 기계적인 시각이 이미 지배적이다.[143]

제레미 레프킨은 『생명권 정치학』에서 13세기 교회가 연옥 개념을

---

141 F. 카프라, 이성범 역, 『새로운 과학과 문명의 전반』(서울: 범양사, 1985), 1,2부

142 김경재, 「생명회복을 향한 신학과 목회」, 『목회와 신학 3』(서울: 한국기독교장로회 총회 교육원, 1994), p.87.

143 반다나 시바, op. cit., p.69.

이용하여 면죄부 파동을 일으키면서 새로운 사회를 향한 변혁의 주도권을 부르주아 계급에게 넘겨주게 되었다는 것이다. 그리고 부르주아 계급은 기계론적 세계관을 받아들여 마침내 서구 역사에서 하나님에 대한 믿음을 왜곡시키고 인간과 자연에 대한 세속화된 권력을 휘두르게 되었다는 것이다.[144] 중세 말에 자연을 탈신성화하여 정복하고 착취하는데 더 이상의 어떠한 종교적 금지도 존재할 수 없음을 증명한 베이컨은 기계론적 혁명을 위한 길을 예비해 주었다. 이렇게 해서 살아 움직이는 원리인 영혼은 자연 전체로부터 퇴각했으며 인간의 몸으로부터 쫓겨나고 말았다. 세계는 생명이 없는 것처럼 되었고 사실상 영혼도, 자발적 생명도, 그 자신의 목적도 전혀 없는 자동기계로 여겨지게 되었다.

생명이라는 의미 안에는 신자유주의는 죽음의 지배 이데올로기와 정면적으로 대치되는 개념이 있다. 또한 생명은 하나님의 본질적 속성이요, 하나님께서 창조하신 피조 세계에 대한 창조적 섭리의 중심 개념이다. 또한 생명은 사랑을 필히 동반하기에 질곡과 파괴와 억압으로 왜곡되어진 피조 세계는 이제 생명과 사랑이라는 하나님의 본질적 속성을 통해서 치유되어지고 새롭게 건설되어야 할 것이다.[145] 생명은 하나님의 영에 의해서 주어졌다(창 2;7, 6:17; 시 104:29), 하나님은 '생명의 하나님'이시다(민 14:28; 신 32:40; 삿 8:19; 렘 5:2), '살아 계신 하나님'이시라고 했다(신 5:26, 수 3:10, 왕하 19:4) 등 하나님의 본성 자체가 생명이다. 따라서 그는 그 생명을 피조물들에게 분여해 주실 수 있다. 그러기에 선물이면서 단지 하나님의 은총에 의해서 피조

---

[144] J. 리프킨, op. cit., pp.43 – 45
[145] 장형식, op. cit., p.3

물들이 저들의 창조주와 교통할 수 있음을 뜻한다.[146]

유전자 조작 생물의 유전 현상이 유전자만의 작용으로 발현되기보다는 주변 환경인자 및 연관된 많은 유전자들의 상호작용으로 발현된다는 사실은 공학자도 알고 있다. 공학자들의 이런 외면으로 씨앗속에서의 문화적 다양성을 깨뜨리며 생물학적 다양성을 파괴하고 이런 생태적 문제들은 사회, 정의, 평화, 민주화를 와해시킨다.

노아 홍수 후 사람들의 눈에서 눈물을 흘리지 않게 할 것과 동물을 피째로 먹어서는 안 된다는 명령이다. 인간 세계 내의 형평성 문제와 인간과 자연 간의 생태학적 균형, 이 두 가지 조건은 전 생명체가 조화롭게 존속하기 위한 필연조건이다. 생명공학은 인류를 돕기보다는 자신의 세계관적 성격상 두 가지 조건과 반목되는 삶의 양식을 창출할 것으로 사료된다. 공학은 인류 공동체 안에서 형평성 상실 및 정의의 감각을 상처받게 할 것이며 이미 서구 강대국은 생물학적 해적질(터미네이트 기술,[147] 트레이트 기술[148])을 하고 있다.

3. 생명공학의 생명신학적 비판: 생태계 문제를 중심으로

한국적 생명신학은 전 창조를 하나님의 영의 임재 공간으로서 죄를 피조물에 대한 잘못된 사용으로 하나님의 위계적 가부장적 초월성을 불고 싶은 대로 부는 하나님의 영의 내재성으로 인간뿐만 아니

---

[146] 이병길, op. cit, p.8.

[147] 터미네이트: 씨앗을 불임시켜 다음에 싹이 트지 않도록 하는 기술.

[148] 트레이트: 자기농약회사의 농약을 뒤집어써야만 싹이 트도록 해놓은 기술.

라 자연도 하나님의 형상의 일부로 인정하는 생태학적 시각의 도움으로 전통신학을 재조명해 나갈 과제를 안고 있다.[149]

생명이란 주제가 민중보다 큰 것이며 기독론적 고백보다 큰 외연을 지니고 있다. 생명을 근간으로 토착화 신학과 민중 신학의 적극적 만남을 가능케 했다.[150]

최근 생태신학은 다음과 같이 많이 달라지고 있다.

1) 타락과 구속의 이분법적 신학 도식에서 강조해 온 원죄보다는 하나님의 창조를 원 축복으로 생각하는 관점 전환.

2) 성육신 사상의 새로운 조명(요 1:14), 자연에 대한 성육신적 이해가 하나님의 영의 임재와 연계 속에서 새롭게 시도되고 있다.

3) 한국적 생명신학은 21세기 최고의 산업으로 평가받고 있는 생명공학 생명과학과의 치열한 논쟁을 준비해야 한다.

4) 생명신학은 교회를 살림공동체로 만들어 가는 일에 최선을 다해야 한다. 우리도 이와 같이 생명신학에 과제를 가져야 한다.[151]

하나님이 하시는 일은 선택-구속사업과 창조-지혜사역으로 나눌 수 있다. 그래서 구약성서 신학을 크게 선택-구속신학과 창조-지혜신학으로 구분할 수 있다.

선택-구속은 선택받은 하나님의 백성을 이스라엘 중심으로 하는 하나님의 역사 서술이라면, 창조-지혜신학은 이스라엘 중심이 아니고 세계성을 강조한다. 이스라엘은 하나님이 다스리는 세계의 한 부분이라고 생각하며 하나님의 보편적이고 현실적인 역사의 차원을 말한다.

---

149 이정배, 『신학의 생명화 신학의 영성화』 op. cit., p.64

150 Ibid., p.72.

151 Ibid., 76.

창조-지혜신학은 이스라엘과 주변 세계를 동등하게 대하여 하나님을 이스라엘의 하나님만이 아닌 전 세계의 하나님으로 설정함으로써 원심적인 성격을 갖고 있다. 그래서 온 세상이 하나님의 관심의 대상이 되는 것이다.[152] 창조주 고백은 항상 '이스라엘을 구원하시는 하나님이 과연 어떤 분이신가.'라는 구원사의 고백 안에서 나타나고 있다. 창조 사건은 구속사역이며 구속사역이 곧 창조를 새롭게 하시는 전 우주적 새 창조의 사역이 되는 것이다.[153] 창조는 신적 표현의 놀이, 신적 사랑의 춤, 하나님이 자신을 비추고 자신의 생명과 친교에 동료들을 투영하는 거울로 이해해야 한다.[154] 더 이상 유럽 신학의 단골 메뉴인 구원 신앙만으로 현대인에게 이야기를 할 수가 없다. 직선적 시간관과 닫힌 우주관, 물질적 지구관은 현대인이 느끼는 새로운 우주론과 도무지 맞지 않는다.[155]

인간은 창조의 위에 군림하지 않고 창조의 안에 그리고 창조의 끝에 있다. 창조에서 인간은 맨 마지막으로 나타났다. 따라서 뒤쪽에 자리한다. 세상은 인간의 욕구나 창의성의 산물이 아니다. 세상은 인간에게서 비롯되지 않는다. 세상은 인간에 앞서 존재하기 때문에 세상은 인간에게 속하지 않는다. 인간은 동산지기일 뿐이요, 따라서 인간이 창조와 갖는 관계는 기본적으로 책임성의 문제이고 윤리의 관계이다. 인간은 하나님한테 받아 자신 안에 간직하고 있는 신적 역동성과 일치해 창조에 대해 활동하는 자로서 항상 창조와 함께 창조의 가

152 이종록, 『새로운 엑소더스를 향하여』(서울: 한국장로회출판사, 1997), 407.
153 최인기, 「하나님의 나라와 생명」, 대한예수교장로회 총회 교육부편 『하나님의 나라와 생명』 (서울: 한국장로교출판사, 2001), 136.
154 L. 보프, op. cit., 53.
155 정홍규, op. cit., 91

운에 있도록 창조되었다. 즉, 인간이 세상을 실현할 때 노동과 돌봄의 형태로 세상 안에 자리할 때만이 인간일 수 있고, 자신을 실현할 수 있다. 인간은 하나님의 작품에 치명적인 손상을 입힐 만큼 절대적 권력을 갖고 있지 않다. 그럼에도 불구하고 인간은 이 작품에 심각한 손상을 입힐 수도 있다. 신비적인 것은 세상이 존재하는 방식에 있지 않고 세상이 존재한다는 사실에 있다.[156]

구약학자 슈텍은 요한복음 1장 14절 이하에서 나타나는 육의 개념을 세계, 곧 자연의 의미로 확대해석할 수 있다고 봄으로써 전 자연을 계시의 표현 공간으로 이해할 수 있다고 주장하고 있다. 이제 하나님이 어떤 것을 계시한 것이 아니라 자기 자신을 세계 속에 표현하셨다고 하는 사실은 나사렛 예수께서 세계의 정치적·사회적 영역뿐만 아니라 기본적으로 자연 세계와 환경의 준거가 됨을 확증할 수 있다.[157] 이제 구원−선택신학에 편협한 사고에서 창조−지혜신학을 베푸시는 하나님의 사역을 묶는 생명신학, 생활신학이 요구된다.

생명공학은 자연과의 조화로운 기술이 아니라 오히려 생태학적 파괴력을 지닌 거대한 권력이다. 종의 간격을 훼손하여 자연에 없던 새로운 생명체를 탄생시키고 무성 생식으로 생명체를 복제하는 것을 인정하지 않고 오로지 남녀 간의 성을 창조적 신비로 이해하여 그들 관계 속에서 태어나는 인간을 신적인 것으로 이해하고 있다는 사실이다(창 6:1−7; 잡종 탄생의미 함축). 생태학적이며 생명신학적 성서 해석은 하나밖에 없는 지구의 사실적 종말 위기에 직면하여 종래의 신학 전통이 현금의 생태학적 위기에 직·간접적인 책임이 있음을 혹

---

156 Ibid., 54 − 64.

157 이정배, 「기독교의 자연관」, op. cit., p.73.

110 생명공학에 대한 생명신학적 비판

독하게 비판한다. 따라서 구속사 중심, 인간중심의 신학 체계로부터 자연 및 창조신학으로 강조점이 바뀌어야 한다고 주장하는 것이다. 21세기 현대적 정황 속에서 생겨난 주제인 생명신학은 교회 안에서만이 아니라 전 세계 앞에서 하나님을 새롭게 말할 수 있고 더욱 그리스도교적 소망의 이유와 근거를 명백히 하기 위한 값진 것이다.[158]

인간의 생명은 하나님의 형상을 따라 창조되었으며 하나님께서 직접 불어넣어 주셨으므로 인간은 하나님께 절대 의존적이다. 인간의 생명은 인간이 마음대로 할 수 없으며 한 생명이라도 인간이 인간을 죽일 수 없다. 생명이 하나님의 것이며 인간이 좌지우지할 수 없고 철저히 하나님의 영역이며 인간이 범접할 수 없는 신성한 것으로 하나님의 생명에 대한 주권을 교회가 선포하는 것이다. 생명의 주인이 하나님이라는 인식 그리고 예수 그리스도를 통해 구속된 생명은 천하보다 귀하다는 인식을 그리스도인들을 비롯한 모든 세상 사람들에게 심어주는 일이다.[159] 한 생명체의 본성은 하루 이틀에 형성된 것이 아니라 헤아릴 수 없는 수많은 시간 속에서 조금씩 진화되어 온 것이다. 즉, 생명체란 대사 작용, 복제 활동 그리고 점진적 진화를 통해 오늘의 자신을 이룬 것으로, 이것은 생명의 본질을 지시한다.

생명중심주의는 모든 생명들이 본유적 가치를 소유하고 있으며 생명권 안에서 인간을 포함한 어떤 종도 다른 생명체에 대해 자연적 우월성을 향유할 수 없다는 사실을 가르치고 있다.[160] 참된 종교는 오히려

---

158 이정배, 『하나님의 영은 불고싶은 대로 분다』(서울: 한들, 1998), p.25.

159 강성렬, 「예언서에 나타난 하나님의 나라와 성령」, 대한예수교장로회 교육부 편, 『하나님의 나라와 생명』(서울: 한국장로교출판사, 2001), pp.140 - 160.

160 Michael E. Zimmerman, "Feminism, Deep Ecology and Enviromental Ethics", *Enviromental Ethics 9* (1987), pp.21 - 24.

모든 것들의 실존 자체를 구성하는 생명형식의 그물망에 대한 보호와 그의 지속 속에 존재한다는 사실을 숙지해야 할 것이다.[161]

구약성서 창세기에는 하나님의 창조사역으로서 인간생명을 잇는 P기자의 인간의 족보가 열 개 있다. 창세기 4장 족보는 J 기자의 일의 문화와 문명의 진보가 계속적인 성취로 이어지는 족보에 의해서 진술된다. 3장에서 타락의 전제 때문에 문명의 발달 발견과 진보가 그늘이 드리워지게 되었다.[162] P기자의 족보는 창세기 5장(셋의 족보), 10장 족보(셈, 함, 야벳의 족보)로서 시간과 공간의 확장이다. 옐레 토레돗(אלה תולדת; 이 계보)은 5:1, 10:1, 11:10, 25:12, 36:1은 계보로, 2:4, 6:9, 11:27, 25:19 및 37:2에는 설화로 소개되어 있다.[163] 여기에는 수직적 계보 - 아담에서 노아(야곱), 수평적 계보 - 셈, 함, 야벳, 이스마엘 후손, 에돔의 후손, 야곱에 이르는 단절되지 않는 가계를 추적, 창세기를 통일된 저작물로 구성하려는 의도가 있다. 이런 재생과정(자손 이음)에 대한 평가절하가 곧 생태위기와 지속 가능성 위기의 원인이 되고 있다. 인간과 자연은 분리되고 재생과정(자손이음)에 수반되는 창조성은 부정되었다. 또 창조성은 생산에 종사한다고 간주된 남성들의 독점물이 되었다. 그리고 씨앗과 대지의 상징성은 무기력하고 비어 있는 대지의 여성적 수동성과 결부되었다. 남성의 가부장적 주형에 부어지면서 변형과정을 겪게 되었다고까지 반다나 시바는 이야기한다.[164] 재생은 단순한 반복이 아니다. 공학이 획일성을 생산하는 데

---

161 wholeness 와 holiness, healthy, healing 그리고 salvation 이 모두가 같은 어원에서 나왔다. 이정배, op. cit., p.132.

162 김이곤, 『신의 약속은 파기 될 수 없다』(천안: 한국신학연구소, 1979), p.123

163 B. S. 차일즈, 김갑동역, 『구약정경개론』(서울: 대한기독교출판사, 1987), p.135.

164 반다나 시바, op. cit., p.90.

비해 재생은 다양성을 수반한다. 자연은 문화로부터 분리되면서 예속되었다. 정신은 물질과 분리되면서 물질을 지배하게 되었다. 여성은 남성으로부터 분리되면서 자연 및 물질과 동일시되었다. 그 결과 여성과 자연에 대한 지배와 생태계 파괴이다. 질병과 생태 파괴는 생명과 건강의 재생 순환이 방해받음으로 해서 발생한다.[165]

구원신학에 가려져 창조신학은 과거의 사건으로 치부되었다. 이것은 하나님과 동행하는 인간의 위대한 사역(생육, 번성, 문화, 상상력, 꿈)이며 세계는 신 안에 있고 신은 세계 안에 있다. 신은 세계에 침투하고 세계를 통하여 신의 작업을 한다. 그러나 신은 그 자신이 세계도 아니며 세계에 스스로 참여하기 때문이다. 하나님께서는 요셉의 꿈에 침투하시고 그의 상상력은 세계를 다스린다. 이것도 그분의 창조이다. 그러나 이 상상력은 하나님께 묻는 것이었고 이 상상력에 안주해 기득권을 가지고 하나님과 관계가 단절될 때, 1/5의 세금과 가진 자들을 위한 삶으로 멈출 때 그 자손들은 노예가 될 수밖에 없었다. 사라의 막힌 태, 리브가의 막힌 태, 라헬의 막힌 태, 끝을 시작으로 삼으신 하나님은 아브라함, 이삭, 야곱, 약속의 하나님이시고, 요셉의 하나님은 약속 성취의 하나님이시다. 그러나 그 약속 성취가 하나님 뜻으로 하나님의 다스림을 나타내지 않을 때 애굽의 노예를 끝으로, 그래서 또 새로운 출애굽을 빚어 내신다. 이것은 둘째를 장자로, 주변을 중심으로, 그래서 서열을 더불어로 만드시는 하나님의 영역, 곧 생명이시기 때문이다. 이로써 생명신학 입장에서 생명윤리를 파괴한 생명공학(이윤 우선의 현실)의 말로를 상고할 수 있다. 그러므로 하나님의 창조적 권능을 다시 상고하지 않으면 안 된다. 이 시대는 공학이 새

---

165 Ibid., pp.118-124

로운 파라오가 되고, 새로운 지혜가 되며 나아가 생명공학의 노예가 될 돈의 파라오가 금력을 품어 낸다. 이제 유전자 조작 식품을 먹고 마시는 것으로 전 인류가 노예가 될 시점에 있다.

모든 생명체가 정기적으로 먹고 마시지 않으면 존재하지 않는다. 지구상에서 시작된 생명의 역사가 지금까지 계속되는 동안 식량에 대한 필요는 그 식량을 구할 수 없다는 이유로 인하여 사라진 적이 없었다. 주님의 기대에서 일용할 양식은 위장과 육체적인 삶에 존속을 위한 양식이다. 그리고 그 양식은 날마다 필요하다.[166]

구약에서 먹고 마시는 행동을 가리키는 낱말인 아칼(אכל), 샤타하(השתה)와 만족스러운 상태를 가리키는 낱말인 샤바아(שׂבע), 마라아(מלא)는 줄잡아 1500여 개에 이른다. 이 숫자는 우리가 먹고 마시는 것들 빵, 고기, 물, 포도주 등을 포함하지 않은 것이다. 신약에서 이러한 행동들을 가리키는 낱말인 에스테인(εσθίεν), 트로게인(τρώγειν), 파네인(φανείν), 피네인(πίνειν)은 대략 180여 개에 이른다.[167] 식량과 굶주림, 먹고 마심의 문제는 이스라엘하고만 관련된 것이 아니라 심지어는 모든 생명체하고도 관련되어 있다. 이스라엘의 음식물 이해는 생명의 이해와 관련되어 있으며 먹고 마시는 일은 삶이 신성한 것임을 표현한다. 이스라엘에서 먹고 마시는 일은 다른 모든 것들의 기초로서 죽음에 맞서서 생명보존을 실현하는 것으로 간주된다. 먹고 마시는 일은 그 자체로서 창조질서 안에 있는 생명의 정당성을 표현하는 가장 근본적인 것이다. 마치 생명의 본질적으로 먹고 마실 권리를

---

166 롤프. 크니림, 강성렬역, 『구약신학의 과제 I』 (고양: 크리스챤 다이제스트, 2001), pp.383 – 385

167 Ibid., p.386

포함하고 있는 것처럼 말이다. 생명과 식량 사이의 상호 관련성은 하나님이 세계 창조와 세계 보전에 대한 성서의 핵심적인 가르침에 속한다.[168] 그런데 하나님의 영역인 생명과 인간이 조작한 식량 사이의 괴리는 죄성을 지닌 인간들이 일구어 낸 문명이라는 바벨탑과 같은 것이 아니겠는가? 스스로 안정되게 살려고 했지만 하나님은 그것을 허락하지 않으셨다. 아니, 생명의 원리를 거스른 인간 사회 속에서 생명의 존속이 가능할 수 없다는 사실을 성서가 지시하고 있는 것이다. 자율적인 존재가 되려는 인간 욕망 속에는 타자와의 관계성·의존성을 부정하려는 죽음의 본능이 자리 잡고 있다. 생명신학은 하나님의 몸인 자연과 더불어 새로운 거룩한 관계를 맺게 하는 인간의 의식 변화를 요청한다. 하나님과 인간 그리고 자연과 더불어 풍부한 연관을 느끼며 자연스럽게 사는 삶, 바로 그것이 구원일진대 그렇지 못한 우리의 삶이 생명신학에 비극이다.[169]

오늘날 성화는 무엇보다도 생명의 거룩함과 모든 피조물 안에 있는 하나님의 신비를 재발견하는 것이고 또 제도적인 폭력에 의하여 생명이 마음대로 조작되고 지구가 파괴되는 일을 막는 것이라고 나는 믿는다. 생명은 '생명의 샘', 즉 하나님의 창조적인 영으로부터 나오고 바로 그 안에서 활동하기 때문에 생명은 거룩해야 한다. 우리가 모든 생명체들을 하나님을 경외하는 마음으로 대할 때 생명은 거룩해진다. 지구는 '주인이 없는 재산'이 아니다. 땅과 거기 충만한 것과 세계와 그중에 거하는 자가 다 여호와의 것이로다(시 24:1). 인간은 하나님의 소유물을 오로지 두려운 마음으로 그리고 조심스럽게 다루어

---

168 Ibid., pp.390 - 395
169 이정배, op. cit., pp.195 - 197.

야 한다.[170]

생태학적 차원을 제대로 깨달으면 지금껏 벙어리로 취급되어 온 동반자 지구에 이르기까지 사랑의 이중 계명을 확대하는 것이 유익할 것이다. 온 마음과 온 정성과 온 힘을 다하여 주 하나님을 사랑하고 네 이웃을 네 몸과 같이 사랑하라, 그리고 이 지구를 네 몸과 같이 사랑하라. 생명은 지금 인간의 야만행위로 인하여 멸종하기에 이르렀다. 생명의 성화는 오늘날 제도화된 인간의 공격으로부터 하나님의 피조물을 지킨다는 것을 의미한다.[171] 1982년 유엔의 세계 자연헌장 "모든 형태의 생명은 인간을 위한 그 가치와는 무관하게 유일 독특한 것이며 존중받을 권리가 있다"는 말은 옳다. 자연이 갖는 그 자신의 관리들이 존중될 때에만 비로소 우리는 우리가 창조라고 부르는 하나님을 바라보는 자연의 은밀한 측면을 발견할 수 있을 것이다. 자연은 창조의 현재적·내재적 측면이다. 창조는 자연의 초월적 측면이다. 즉, 모든 자연적 존재는 내재적 초월성을 갖고 있으며 초월성은 모든 자연적 존재 안에 내재하고 있다. 영원한 생명에 대한 희망으로부터 상처 입기 쉽고 죽어가는 이 생명에 대한 사랑이 다시금 태어난다. 이 사랑은 아무것도 포기하지 않는다.[172]

생명공학으로 인해 모든 생명체는 특허의 대상으로 상품으로 전락되며 그들의 원산지는 구체적으로 어느 공장으로 표시되는 시점이 임박했다는 사실이다. 농사는 천하 지 대본으로 땅을 지키는 거룩한 몸짓이요, 생명체를 상품 가치로 바꾸는 세상의 풍조와 맞서나가는

---

170 J. 몰트만, 이신건 역, 『생명의 샘』 (서울: 대한기독교서회, 2000), p.71.
171 이정배, op. cit. p.72.
172 Ibid., pp.155 - 158.

하나님의 삶이다. 시간을 파괴하는 것은 공간을 파괴하는 것보다 더욱 근본적으로 하나님의 창조질서를 해치는 일이다.[173] 생명공학은 이미 땅 흙으로부터 모든 생명체를 떠나게 할 뿐만 아니라 생명 자체를 상품화하여 더더욱 하나님 창조 질서 중의 하나인 시간 자체를 파괴함으로써 생명의 개념은 물론 생명의 존속 그 자체를 불투명하게 할 수도 있음을 명심해야 한다.[174] 시간을 지키고 생명을 지키는 농사꾼의 삶을 펀드는 생각이 기독교인인 우리 모두에게 요구된다.[175] 서구의 생명론은 인간중심주의의 생명론을 벗어나지 못했으며 생명과 생명의 터전으로서의 생활 세계에 대한 완전한 통합적 이해를 갖추지 못했다.[176]

동양에서의 생명이해로서 자연 세계는 생명이 터 잡고 있는 곳으로서 그곳에 만물이 담겨져 있고 생명이 지니는 절대유일의 생존의 장이다. 이러한 생존의 터전으로서 우주는 스스로 잇는 것이며 자존적이다. 자연과 인간은 구별되는 대신 수용되고 포용되는 것이며 그들은 같은 뿌리를 지닌 일원성의 원리에서 이해하는 것이다. 우주는 인간과 자연의 화해의 영역이며 생명의 창조적 역량이 이루어지는 터전으로 이해되고 있다. 생명의 근원적 실체는 원래 하나인데 창조성의 원이 되며 그 실체가 분산되고 다양하게 작용하여 여러 다른 형태로 드러나게 되는 것으로 보았다.[177]

---

173 Ibid., p.202.

174 Ibid., p.76.

175 Ibid., p.203.

176 최기준, 「성령님이 교통하시는 하나님의 나라와 성령」, 대한예수교장로회 총회 교육부 편, 『하나님의 나라와 생명』 (서울: 한국장로교출판부, 2001), pp.13 - 23.

177 Ibid., p.24.

기계론적 세계관은 이분법적 사고와 힘의 원리 숭배이고 생물학 순환을 생각하지 않으므로 생명의 하나님에 창조하심을 잊게 하고 약한 생명 때문에 강한 생명이 존재한다는 사실을 잊고 있다. 특히 계약 백성으로서 자의식, 즉 하나님이 친히 자신을 주셨다는 생명의 본원적인 선물을 기능과 구조로 구별하면서 계약을 파기하고 있다. 나아가 50년째 돌려주는 희년 사상의 실현, 즉 누가복음 4장 18~19절에서 포로가 된 자와 억압된 자를 풀어주심의 예수를 표현하지 못했다. 서구 기독교 국가가 기계론적 세계관을 바탕으로 하는 기계론적 신관을 가지고 하나님의 영역인 생명을 왜곡하고 하나님의 "심히 좋으심"을 나타내지 못하고 있다.

성만찬 예식도 이 땅 음식이 우리의 몸을 구성하고 자연의 보답된 생명으로 예수의 몸이라는 고백이 추상화되고 관념화되어 있다. 이제 이 음식, 이 몸이 유전자 조작된, 생물학적으로 순환되지 않는 식품으로 밥상에 오르는 것은 주의 만찬조차 오염된 식탁이라는 사실이다. 여기에 먹고사는 인간의 현주소가 참 생명 친화적이어야 할 존재 이유가 있다. 생명의 상징이 동물은 피요, 식물은 누룩인데 구약 제사에는 피와 누룩은 넣지 않았다. 그러나 식물의 상징인 누룩을 오염시키고 사람의 피를 병들게 하는 식탁이 되고 있다.

생명의 유지를 위해서는 자연의 죽음이 완성되고 이제 자연은 내부의 힘이 아니라 외부의 힘에 의해 움직이는 죽어 있고 무기력한 물질로 구성된 시스템의 기계론적인 틀에 의해 조작되어진다. 그러나 생명의 유지는 역사 속에서 전 우주적 연결망을 가지고 희생하므로 지속 가능하다는 사실을 깨달아야 한다. 나아가 모든 생명 현상이 순환으로 상생하므로 오늘 내가 있다는 사실을 각인해야 한다. 그럼에도 불구하고 조작 식품은 불평등의 구조를 심화시키며 약소국의 생물을 노략질하고 생태계의 다양성을 파괴하면서 농민들은 이익을 본다고 거짓말한다. 농산물 유전자 조작은 강자들의 교만과 권력 욕망의 극치요, 탐심으로서 우상숭배이다(골 3:5).

유전자 조작 식품으로 우리의 생명창고를 잃고 있다. 특히 수입밀가루가 주종을 이루는 오늘의 형편은 식생활의 변화에 결정적 역할을 했고 아이들 간식, 라면, 두부, 콩나물, 식용유, 콘칩은 조작 식품으로 도배가 되었다고 해도 과언이 아니다. 생산해도 제값 받지 못하는 농민의 농업은 문화가 빼앗길 뿐 아니라 종자의 생명과 가치를 강탈하고 있다. 생명의 재창조성을 우리의 몸과 이 땅의 지속적 관계마저 유린하고 있다. 앞으로 우리, 즉 이 땅 거민의 생명의 유지가 심히 어려워 하나님 보시기에 심히 좋은 것이 되지 못할 것이다. 과연 앞으로 연료 없이, 식량 없이, 의식주를 다 빼앗긴 서구 종교 이데올로기를 붙잡고 어떻게 구원을 외치며 하나님의 완전한 샬롬(שלום)에 참여할까?

장수와 건강은 하나님의 축복이되 영양과 운동, 정신, 또한 필수로 따라야 가능한 것이다. 그러나 조작 식품으로 알레르기가 생기고, 면역항체가 없어지고, 호흡기가 나빠진다면 먹는 자의 책임보다 안 먹을 수 없는 악의 구조로 지배하는 세계화의 신자유주의 무역 그리고 그들의 철학적 사고방식이 더 큰 문제이다. 조작 식품의 남발은 이것을 모르게 하고 또 경제가 어려운 자들에게 등외의 값을 매기게 하며 새로운 식민 활동의 기지화에 나서고 있다. 여기에 아직도 17세기 사고의 영혼구원만 외치는 기독교가 깨어나야 하고 목회자들이 옳게 공부해야 한다. 레위기 11장 1~47절, 정한 동물과 부정한 동물을 가려 먹을거리를 하나님이 하나님 백성들에게 예비하셨듯이 유전자 조작 식품은 부정한 식품으로 오늘 이 시대에 먹어서는 안 되는 식물로 교회가 생명 선교 차원에서 운동하고 막아야 하겠다.

세계에서 인간이 먹는 식물이 3000종이나 되는데 이것이 유전자 조작 식품으로 단작화되고 식단의 단작이 되며 정신과 문화의 단작과 먹을거리의 불평등으로 정치·경제·사회 분화의 불평등이 강화될 것이며 희년을 선포하신 예수 행동하심과 사역이 오늘날 교회의 생명 살림 운동으로 승화되어야 할 것이다.

생명은 자신을 보편적인 능동적 실체로서 천지사방의 宇와 고금왕래의 宙 안에서 자신을 드러낸다. 이로써 생명은 자신이 지닌 무한한 창조적 힘에 의하여 모든 환경적 제약과 한계를 극복하여 나아가며 그런 그 본성에 있어서 쉼과 그침이 없는 작용이며 시간과 공간 안에서 역동적으로 자신을 무궁하게 성취시키고 자신의 본연의 삶을 이루어 가는 것으로 본다.[178] 주님은 생명을 위해 오셨다. 이것은 바로 복음의 목적이다. 그는 생명을 위해 오셨고, 사셨고, 수난당하셨고, 부활하셨다. 영원한 생명은 단순히 죽은 뒤에 지속되는 현세적 생명의 시간적 연장이라는 뜻이 아니라, '참생명'이라는 뜻이다(요한1서 1:1-2). 예수는 참된 생명으로 세상에 왔다. 예수는 상처받은 생명을 살리고 돌보고 보살핀 생명의 님이었다. 오늘의 세계는 생태학적인 생명공동체적·생명실존적인 생명의 총체적 위기를 맞고 있다. 우주적 생명의 차원에서, 인류의 차원에서, 개인의 차원에서 사느냐? 죽느냐?의 갈림길에 서 있다. 죽음의 길에서 벗어나 생명의 님을 따라 생명의 길을 가야 할 것이다. 생명의 본래 모습은 땅과 사람 땅과 식물

---

178 신승환, 「동서양의 생명이해」,『성서와 함께』 제239호 (1996), p.57.

땅과 짐승이 모두 더불어 살아야 하는 하나님의 경륜 안에 자리 잡고 있다는 것이다. 하나님이 사람만 생명체로 지으시지 않고 동물이나 식물 모두를 살아 숨 쉬는 것들로 지으셨으므로 생명체들은 서로서로가 어우러질 때 서로가 서로를 살리게 되는 것이다.

구약과 신약을 관통해 흐르는 절대적인 전제가 생명의 주관자가 하나님이시며 생명은 하나님의 영역이라는 것이다. 생명은 사람이 하나님과의 관계성을 어떻게 갖고 있느냐에 달려 있다. 하나님과의 관계를 맺고 있으면 비록 죽은 사람이라 할지라도 살아있는 사람이 될 수 있으며 반대로 아무리 살아있는 사람이라 할지라도 하나님과의 관계성 속에 있지 아니하면 생명이라고 할 수는 없다.[179] 역설의 진리와 자연의 순리는 서로 상반되는 개념이다. 그러나 예수는 이 두 가지의 상반된 개념을 기초로 생명의 존엄성문제를 다루고 있다.[180]

4. 생명의 존엄성에 근거한 예수의 가르침

생명의 존엄성에 근거한 예수의 가르침은 다음과 같다.

1) 하나님은 모든 생명의 근원이며 창조주 하나님이시다. 그러므로 하나님은 모든 생명을 사랑으로 돌본다.

2) 인간은 생명에 대해서 경외의 마음을 가져야 한다. 재물로 생명을 살 수 없다.

---

179 왕대일, 「성서의 생명관」, 『성서와 함께』 제239 (1996), pp.62 – 64.

180 소기천, 「복음서에 나타난 하나님의 나라와 생명」, 대한예수교장로회 교육부 편, 『하나님의 나라와 생명』 (서울: 한국장로교출판부, 2001), p.174.

3) 예수는 생명을 구하기 위하여 안식일 법의 본 뜻을 드러내었다. 생명에 대한 사랑이 율법의 한계를 극복한 것이다. 모든 생명은 하나님의 사랑과 자비를 필요로 한다.

4) 생명은 물질이 아니다. 생명을 잃으면 찾는다는 역설의 진리는 영원한 생명이 우리 앞에 있음을 일깨워 주는 말씀이다.

5) 인간은 자연의 질서에 순응하며 살아야 한다. 자연의 순리를 따라 사는 것이 인생이 걸어 갈 길이다.[181]

이제 인간의 문제는 더 이상 '존재하는 나'의 문제가 아닌 '우리'로서의 모든 인류와 그리고 그 인류와 더불어 살아가고 있는 모든 생명체로 확대되었다. 생명의 시작이 인간 자신으로부터 시작되지 않았듯이 생명의 회복도 인간에 의해 이루어지지 않는다. 생명의 회복도 오직 하나님께만 가능하다. 생명의 회복이 구원이다. 예수 그리스도를 통해 하나님과 화해하게 된 인간은 생명에 이르게 되고 이제 하나님 앞에서 이웃과 자연을 향해 하나님 영광의 선포자의 실현자가 된다. 생명의 완성을 표현하는 말은 곧 영생이다. 이 영생은 하나님과 화해케 됨으로써 생명의 근원이신 하나님의 생명에 참여하게 됨을 의미한다.[182]

생명은 어디에서 오며, 누구의 것인가? 생명의 주인은 하나님이시다. 그 값은 얼마일까? 생명은 의, 식, 주, 그 자체보다 온 천하보다 귀하다(막 2: 27). 생명은 서로 통하고 상호 의존해 있다. 생명은 다차원적 통일성과 전체성을 띤다(롬 8:21 - 22). 참생명의 회복, 즉 샬롬은 예수 그리스도를 통하여 하나님과 하나님 형상 안에서만 가능하다(골

---

181 Ibid., pp.175 - 176.

182 정홍렬, 「하나님의 나라와 생명 - 조직신학적 접근」, 대한예수교장로회 총회교육부 편, 『하나님의 나라와 생명』(서울: 한국장로교출판부, 2001), pp.199 - 204.

3:4; 갈 5:22). 기독교 복음운동은 생명운동확장이어야 하지 교세확장 운동이 되어서는 안 된다. 생명을 상품화하는 것에 저항하여 선한 사람의 싸움을 계속해야 한다. 생명을 전체적 생명관에서 바라보도록 새로운 생명관을 가져야 한다. 지난 수천 년간 인류가 가졌던 '나' 중심, 내 민족 중심, 자기만 생각하는 인간중심의 생명관까지 고쳐야 한다. 나아가 예수 그리스도가 생명이요, 진리이며, 길인 것을 확신하고 신앙하는 대로 삶 속에서 생활로 실천하는 생명운동에 앞장서야 한다.[183] 자연 속의 모든 생명은 '자기를 위하는 존재'이다. 그런데 이 생명이 가능하려면 자연물들이 '타자를 위한 존재'로 자기를 내어 주어야 한다. 물이 없다면 생명이 있을 수 없다. 이처럼 자연 만물은 생명을 위해서 자신을 내어준다. 그런데 인간은 이 생명 사림의 생태논리를 자연 법칙이라는 이름으로 밝혀내서 그 논리를 인간만의 '자기를 위한 존재'를 위해 착취해 온 것이다.[184]

인간은 자기의 생명을 위해 인간의 타자인 자연을 노동한다. 여기서 인간이 '자기를 위한 존재'이고 자연은 '타자를 위한 존재'가 된다. 만약에 인간이 '자기를 위한 존재'이려고 '타자를 위한 존재'에게 손을 내밀 때 자연이 이에 상응해 오지 않는다면 어떻게 되는가? 봄에 뿌린 씨앗이 싹트지 않으면 어떻게 될까? 자기를 위하여 자기 밖에 있는 타자적 존재들을 재구성하는 것으로써 이 운동을 생명이라고 부르고, 종교는 생명을 중심 개념으로 가지고 있다.[185]

생태학은 유기체 간의 관계 그리고 유기체와 외부 환경과의 관계

---

183 박근원, 「머리말」, 『창조의 보전과 한국신학』(서울: 대한기독교서회, 1992), pp.15 - 16.
184 이준모, op. cit., p.189.
185 이준모, op. cit., pp.167 - 185

에 대한 연구이다. 따라서 생태학은 연결망이며, 생태계를 올바르게 이해한다는 것은 곧 연결망을 이해하는 것이다. 이러한 연결망은 요소로 환원될 수 있는 것이 아니다. 전체는 부분의 합이 절대로 아니다. 통합은 어떤 수준에 있어서도 그 요소들이 가지고 있지 않은 성질들을 체계에 부여해 주기 때문이다. 생태학의 기본 원리는 유기체 간의 상호 의존성, 재생, 경쟁의 적자생존이 아닌 공생과 협력, 유연성과 복원력, 획일성이 아닌 다양성, 그리고 지속 가능성으로 요약된다. 이것은 생명신학의 기본원리이기도 하다.[186]

정의가 없으면 평화가 없고 인간의 참된 자유(해방)가 없으면 또한 정의는 불가능하며 자연과의 평화가 없으면 인간과의 어떠한 평화도 불가능하다는 사실이다. 땅에 대한 지배가 인간 속에 근원적으로 주어진 은총적인 속성으로 이해되어진 한에서 이제 그리스도를 통하여 새롭게 된 하나님의 형상이란 17~18세기 근대시대의 도래 속에서 기술과학을 통한 자연에 대한 인간의 지배권의 회복을 뜻하게 되었다는 사실이다. 다시 말하면 죄로 인하여 잃어버려졌던 땅에 대한 지배권이 자신의 힘으로 기술로서 재획득되어야 한다는 이런 맥락에서 베이컨의 "아는 것이 힘이다"라는 말이 해석되어져야 한다 — 근대의 기술 과학적 진보 신념은 기독교적으로 더욱이 구속론적으로 인정되어질 수 있게 된 것이었다.[187]

이제 말씀의 신학, 구원의 신학에서 보는 예배, 창조신학 성례로 넓혀야 한다. 희년에 관한 생태창조신학의 활성화가 필요하다. 영적 구원만 아니라 전인 구원이라야 한다. 식량의 감소, 땅의 사막화와 산성

---

186 허남혁, op. cit., p.12.

187 이정배 편저, 『생태학과 신학』(서울: 종로서적, 1989), p.5.

화 현상은 성찬 양식인 빵과 포도주를 위기에 빠뜨린다.[188]

루퍼트 쉘드레이크는 "한 생명체의 모양, 성장, 행동 양식은 유전자의 배열 및 그들 간의 작동만으로 결정되는 것이 아니라 그 생명체의 형태 장(생명의식)으로 영향을 받는다"고 주장한다. 대우주는 살아 있고 조화의 원리, 생존의 원리, 그리고 영이 존재한다. 우리는 하나님의 "심히 좋으심"에 참여해야 할 것이다. 우리는 총체적이고 완전한 구원, 치유받은 생명을 경험한다. 우리는 하나님 안에서 우리의 생명을 그리고 우리의 생명 안에서 하나님을 느끼고 맛보며 만지고 본다. 위로 자와 생명의 샘이신 아름다운 하나님의 이름 성령!

재물로 생명을 살 수 없지만 생명의 근원인 하나님은 모든 생명을 사랑으로 돌보신다. 생명에 대한 사랑이 법의 한계를 극복하는 것은 하나님의 자비와 사랑이다. 잃으면 찾는다는 역설의 진리, 자연의 질서에 순응하며 살아야 한다는 것이 주님의 생명관이다. 현대의 산업 사회가 흙을 단순히 물질로만 여기고 흙을 거룩하게 여기지 않았다. 우리가 하나님의 땅의 거룩함을 다시 존경할 때가 되었다. 하나님 나라 없이는 영원한 생명이 있을 수 없고 새로운 땅 없이는 하나님 나라가 있을 수 없다. 성령 가운데서 영원한 하나님이 우리의 죽을 생명에 참여하며 우리는 하나님의 영원한 생명에 참여한다.[189]

---

188 정홍규, op. cit., p.130.

189 J. 몰트만, 채수일 역, 『그리스도가 계신 곳에 생명이 있습니다』 (서울: 대한기독교서회, 1997), pp.54 - 72.

5. 4장 요약

이원론을 뿌리로 한 생명공학은 생명을 정보로만 인식하여 생명의 실제 본질이란 개념자체를 탈락시켜 가고 있다. 생명공학의 구성원리 (유전자 조작)는 탈실체화했고 종의 경계를 제거하고 생명체를 정보로 환원시킴으로써 기계론적 인간 이해의 토대를 강화시켰다. 몸은 인간이 만나는 인격이건만 유전자 조작은 기능은 없고 구조만 강화했다. 피조물이면서 동시에 하나님의 영으로 만들어지고 힘을 얻는 존재인 몸으로서 인간을 이분설을 따르는 영지주의자로 만들었다.

생명공학은 인간의 생존 조건만으로 극대화시켜 전 자연을 인간중심적인 환경과 우생학적 상업주의로 생명을 파괴시키고 변종을 출현시켜 생태계에 자립적 균형을 깨뜨릴 염려가 많다. 나아가 강자들을 위한 위계질서로 정의를 왜곡한다. 그러므로 구속사중심(영혼구원), 인간중심의 신학체계로부터 자연 및 창조신학, 생명신학으로 바뀌어야 한다. 구원 또한 인격과 인간의 재창조 아닌가? 하나님과 인간 그리고 자연과 더불어 풍부한 연관을 느끼며 자연스럽게 사는 삶, 바로 그것이 구원일진대 그렇지 못한 우리의 삶이 생명신학에 비극이다. 역설의 진리와 자연의 순리 이 두 가지 상반된 개념으로 생명의 존엄성을 다룬 예수는 생명이 경외를 가지셨고 생명에 대한 사랑이 율법의 한계를 극복했다. 생명은 물질이 아니라 생명을 잃으면 찾는다는 역설의 진리는 영원한 생명이 우리 앞에 있음을 일깨운다. 하나님의 생명에 참여하는 생명의 완성 영생, 이것은 하나님과 화해됨으로 가능하다. 지난 수천 년간 인류가 가졌던 나 중심, 내 민족 중심, 인간

중심의 생명관을 고쳐야 한다. 우리 시대는 인류의 생존, 생명이 긴급한 주요 관심사이다. 모든 것이 모든 것과 관계된다는 사실을 재인식하고 전 생명창조의 보존적 의미 속에서 하나님의 "심히 좋으심"으로 폭넓은 생명 이해가 필요하다.

이제 과학은 그 첨단의 지식과 기술을 생명이라는 거울에 비추어 현재의 위치를 점검하고 미래의 방향을 조율해야 한다. 우리가 이제는 하나님 땅의 거룩함을 다시 존경할 때가 되었다. 하나님 나라 없이는 영원한 생명이 있을 수 없고 새로운 땅 없이는 하나님 나라가 있을 수 없다. 생명의 영이신 성령님의 은혜 가운데 영원하신 하나님이 우리의 죽을 생명에 참여하며 우리는 하나님의 영원한 생명에 참여한다.

제 5 장

◆
◆
◆

결 론

본서의 목적은 먼저 성서의 생명개념을 정의하고 그 결과에 근거하여 현재 대두되고 있는 생명공학, 특히 유전자 조작 식품의 문제를 재고·평가하는 것이었다.

제2장에서는 성서에서 생명의 시작과 유지 그리고 끝이 하나님과의 관계에서 어떤 의미가 있는지를 신앙적 관점에서 표현했다. 구약에서 생명은 하나님의 영역으로서 창조, 상호관련성, 상징, 유지로 나타나고 신약 가운데 공관복음은 내세적인 것이 포함된 현실적 "샬롬"으로 이해되며 바울에게는 칭의의 결과로서 생명, 즉 기독인의 최종 목표이다. 요한복음에서 생명은 기능적으로 예수와 하나 됨이며 그 생명의 실현은 사랑이다.

창세기 1장 31절로부터 "심히 좋으심"이라는 의미에서 생명의 정의를 추론했다. 생명신학적 발전으로 계약전통, 성만찬, 희년사상을 다루었다. 새로운 생명신학적 패러다임으로 창조, 죄, 초월성, 먹어야 사는 인간, 종말을 다루었다. 먹어야 사는 인간을 유전자 조작 식품에 전제로 둔다. 여기에 생명체인 인간이 신체의 건강과 공동체의 건강과 생명권의 건강이 필요하다는 것을 다루었다. 여기에 알아야 현실 문제로서 제3장에서는 현대 서구가 주도해온 생명공학의 사상적 배경을 이해 하고자 했다. 데카르트에서부터 자본주의, 세계화, 신자유주의, 유전자 조작 식품에 이르기까지 그 뿌리가 되는 이원론은 힘의 논리이고 영혼과 육체, 물질과 정신, 자연과 인간을 분리한다. 여기 구체적인 GMO의 문제는 농민·농촌·식량 안보문제, 환경문제, 건강문제, 사회문제, 생물학적 해적질, 생물의 다양성 파괴 등으로 반감기를 가진 핵폐기물보다 더 위험하다. 그러므로 인간중심의 이기적인 생명노선을 벗어나 모든 피조물과의 연대와 영적 소통을 전제로 하는 범우주적 '살롬'의 세계가 구현되는 생명살림운동이 일어나야 한다. 제4장에서 생명공학에 기계론적 세계관은 탈육체성을 가지나 성서 말씀은 인간의 몸을 비롯한 있는 그대로의 전 자연이 하나님 이해의 지평으로 해석된다. 생명공학에 있어서 생태계 파괴의 가중은 기계론적 세계관과 기계론적 세계관을 바탕으로 하는 기계론적 신관에 있으며, 인간을 중심으로 한 구속사 중심의 신학에 있다. 생명공학은 생명을 정보로만 인식하고 생명의 본질을 탈락시킨다. 생명공학은 인간의 생존 조건만으로 극대화시켜 전 자연을 인간 중심적인 환경과 상업주의로 생명을 파괴시키고 변종을 출현시켜 생태계에 균형을 깨뜨린다. 인간과 자연을 분리시키는 이원론은 정의를 잃어버린 강자 중심의 위계질서를 파생시킨다. 영혼과 육체를 분리하고 정신과 물질을 분리하며 부분을 조작해서 어떤 전체 기능을 좌지우지하겠다는 이원론적 세계의 폭넓은 분야는, 인간 중심의 구속 신학, 즉 인간 영혼 구원만으로는 다 담당할 수 없다.

지금 이 시간도 하나님께서 하나님의 "심히 좋으심"의 밥상을 우주에 차리신다. 우주의 밥상은 생명이다. 생명들의 생명과 밥상은 구분되나 분리할 수 없다. 여기에 모든 것의 관계를 파기하는 유전자 조작 식품은 하나님의 생명이 아니다. 하나님의 "심히 좋으심", 즉 생명은 생산자, 소비자, 부패자가 상보 상생 조화 공생해야 한다. 이제 총체적이며, 통전적이며, 살아 역동하는 생명과 생명을 다스리시는 십자가에 달리시는 하나님의 개입하심으로, 하나님의 생명은 예수의 고난 안에 있다. 피조물들 속에 탄식하는 생명의 샘이신 성령님의 인도하심으로 말미암아, 우리에게 치유와 위로와 고침과 싸맴과 궁극적 사랑을 필요로 하는 생명의 신학이 요구된다.

그러면 기독교생명윤리운동이 성취하고자 하는 목표는 무엇인가? 이 목표에 대해서는 몇 가지를 지적할 수 있다.

1) 가장 중요한 목적은 인간의 생명이 최대한 보호받고 정당한 이유 없이 침해당하지 않는 사회를 형성하는 것이다. 이 작업은 도덕적인 설득과 교육에서 출발해서 입법적 차원에서 결실을 볼 때 비로소 완결된다.

2) 기독교생명윤리운동은 사회정의를 구현하기 위한 노력의 연장선상에 있는 운동이다. 사회정의란 무엇인가? 존 롤즈는 사회적 최저선(social minimum)을 통하여 사회 안 소외계층의 인간다운 삶을 우선적으로 보장한 후에 창의력과 경쟁을 허용하여 재화를 획득하는 길을 열어주는 것을 정의라고 보았다. 이와 같은 롤즈의 입장은 성경이 말하는 정의의 내용과도 맥이 통한다. 하나님은 힘이 없고 연약한 계층에 대하여 각별한 관심을 가지신다. 하나님이 아말렉 족속을 천하에서 도말시켜 버리라고 명령하신(신25:17 - 19) 이유는 이스라엘이 행군하는 중 아말렉 족속이 이스라엘의 피곤함을 틈타서 뒤처진 약한 자들을 쳤기 때문이다. 이스라엘 공동체 안에 있는 나그네, 과부,

전쟁포로들을 선대하도록 명령하고 있는 모세의 율법이나 고아와 과부를 착취한 죄를 일관성 있게 지적하는 선지서의 말씀들, 99마리의 성한 양을 우리에게 그대로 두고 한 마리의 길 잃은 양을 찾아서 떠나는 하나님의 모습 등은 가장 약하고 비천한 자들을 보호하는 것이 기독교인들과 교회에 주어진 과제임을 시사한다. 그런데 오늘날 우리 사회의 소외계층의 가장 밑바닥에 배아들, 태아들, 장애신생아들, 말기질환자들이 자리하고 있는바, 이들이 첨단의학과 생명공학 기술의 힘 앞에 일방적으로 희생당할 위험에 노출되어 있다. 따라서 이들의 생존권을 확보하기 위하여 노력하는 생명윤리운동은 곧 사회정의를 실현하기 위한 운동의 최전선에 위치해 있는 셈이다.

3) 그런데 기독교생명윤리운동의 전망은 그다지 밝은 것이 아니다. 때로는 기독교인들의 도덕적 실수로 인한 이미지 실추 때문에, 그리고 더 크게는 기독교의 구원관과 윤리관 그 자체에 대한 뿌리 깊은 반감 때문에, 그리고 이와 관련하여 과학자들의 무절제한 호기심 충족, 집단이기주의 그리고 첨단의학 관련 산업체들의 무분별한 상업적 이익 추구 등으로 인하여 현실 속에서 기독교생명윤리운동이 시민들을 도덕적으로 설득하고 입법의 단계에서 열매를 거두는 작업은 매우 힘겨울 수밖에 없다. 이런 상황은 앞으로 갈수록 더 악화되어 갈 가능성도 있다 그러면 이런 상황 속에서 우리는 기독교생명윤리운동을 포기해야 하는가? 그렇지 않다. 여기서 우리는 기독교사회운동은 이 땅 위에 유토피아를 건설하는 것이 아니라는 점을 유념할 필요가 있다. 성경은 우리에게 이 땅 위에 우리의 힘으로 이상적인 사회를 건설하라는 명령을 주지 않고 있으며, 그런 기대를 하지도 않는다. 그리스도인에게 있어서 이상적인 사회는 하나님의 나라를 뜻하는데, 하

나님의 나라는 믿음을 가진 자들로 구성되며, 이미 역사 안에 임하여 있다. 이 나라의 미래적인 완성도 하나님의 은혜를 통하여 이루어질 것이다. 그러면 우리의 사회운동은 무엇을 이루려고 하는가? 우리는 두 가지를 이루고자 한다. 하나는 예수 그리스도를 믿음을 통하여 이미 참여하고 있는 하나님 나라의 증인 역할을 하는 것이다. 하나님의 나라의 빛과 영향력을 세상 사람들에게 드러내는 것이 우리의 사명이다. 다른 하나는 세상의 악이 크게 발현하는 것을 어느 정도라도 통제하여 세상이 복마전과 같은 곳으로 전락해 버리는 것을 제어하고 어느 정도라도 사람이 살 수 있고, 부분적으로라도 정의가 실현되는 나라로 형성시켜 가는 역할을 하는 것이다. 우리는 이 두 가지 목표를 위하여 그저 "때를 얻든지, 못 얻든지" 우리의 기대대로 열매를 거두든지, 못 거두든지 최선의 노력을 다할 뿐이다.

4) 그리스도인의 관심은 본서에서는 유전자 조작의 입장에서 생명의 문제를 제기했지만 복제의 문제에서도 귀를 기울여야 한다. 복제의 문제도 심각하게 하나님의 창조세계를 거스르고 있기 때문이다. 요즘 TV나 대중 잡지를 통해 소개된 양과 원숭이에 대한 복제 실험이 성공함에 따라서 생명복제의 가능성이 한층 더 가까이와 있다. 인간복제는 정말로 가능한가? 영국과 미국에서 각각 양과 원숭이의 복제에 성공을 거두어 사회 전반에 큰 이슈로 떠오르고 있다. 정말로 난자와 정자의 만남이 없이도 인간 생성이 가능한 것일까? 최근 뜨겁게 달아오르고 있는 생명 윤리 논쟁을 중심으로 인간 복제의 문제점을 살펴본다. 몇 해 전 여름 가요계를 휩쓴 신세대 그룹 '클론'에 의해 좀 더 친숙해진 클론이라는 말은, 사실 유전공학적 개념이다. 즉, 유전적으로 똑같은 세포군이나 개체군을 뜻하는 것이다. 이 클론을

수정을 거치지 않고 만들어 바로 복제(클로닝)하는 데 성공하여, 과학계는 물론이고 의학·종교계 등 사회 전체에 큰 파장을 일으키고 있다.

　이것은 세계 최초로 고등 동물 복제에 성공한 것이다. 1997년 2월 영국의 에든버러 로슬린 연구소의 윌머트 박사팀은 6년생 암양의 DNA 유전자를 다른 양의 난자와 결합하여 암수의 성교나 수컷의 정액이 없이도 유전적으로 똑같은 양을 만들어 내는 데 성공하였다. 윌머트 박사는 미수정란 핵을 체세포로 바꾸고, 세포핵을 가지게 된 이 수정란을 또 다른 암양의 자궁에 이식하여 첫 번째 양과 똑같은 새끼를 탄생시킨 것이다. '돌리'라고 명명된 이 새끼 양은 생후 7개월이 지난 지금까지도 정상적으로 성장하고 있는 것으로 알려졌다. 잇달아 미국에서도 이미 원숭이의 태아 세포를 이용한 원숭이 복제에 성공하였다고 발표하였다.

　미국 오리건 주 보건과학연구소에서는 전 세계적으로 파문을 일으킨 영국의 로슬린 연구소와 마찬가지 방법을 이용하여 암수 각 한 마리의 원숭이를 탄생시켰으며 이들 역시 생후 7개월째 정상적으로 자라고 있다고 밝혔다. 이 연구팀은 먼저 정자와 여러 개의 난자를 결합시키는 재래식 시험관 수정 방법을 사용하여 세포가 8개로 분열된 단계의 정상적인 원숭이 태아를 만들어 냈다. 그리고 수정란들이 작은 태아로 자라났을 때 각 태아에서 한 개씩의 세포를 떼어 내 DNA를 제거한 난자와 결합시켰다. 이 같은 방법으로 9개의 세포가 태아로 자라나자 이를 9마리의 원숭이 체내에 이식시켰다. 그 가운데 3마리가 임신을 했으나 그중 한 태아는 태어나기 전에 사망하였다. 이 방법에 사용된 정자와 난자는 똑같은 부모에게서 나온 것이므로 이들 두 마리의 원숭이는 남매간이라고 할 수 있다. 현재 이들은 유전적으로 똑같지는 않다. 그러나 성공률이 더욱 높아지면 8마리 이상의 유전적으로 똑같은 원숭이를 만들어 낼 수 있다고 한다.

이러한 영국 과학자들이 복제 양(羊)을 탄생시키며, 미국 과학자들이 원숭이의 복제에 성공했다는 생명복제 대한 발표들은 세계 각국에서 엄청난 사회·윤리적 파장을 일으켰으며, 이를 둘러싼 찬반양론이 갈수록 가열되고 있다. 특히 인간과 가장 가까운 원숭이의 복제 성공은 단순한 놀라움을 넘어 마음만 먹으면 인간복제도 가능한 눈앞의 현실로 다가왔음을 의미하기 때문이다. 생명을 복제하는 것은 첨단과학적 작업의 결과, 즉 생명공학의 발전의 결과이다. 그래서 이에 따라 인간복제를 막을 법적·제도적 규제 장치의 마련도 다시 서둘러지기 시작했다. 그래서 복제를 둘러싼 논란, 규제 가능성, 기술적 문제점 등에 대하여 집중적 점검을 시도한다. 그리고 무엇보다도 이것에 대하여 기독교인들은 어떠한 관점을 가지고 바라보아야 할 것인가 하는 질문을 던지면서 기독교 신학적, 윤리학적 성찰을 시도하려 한다.

왜냐하면 생명복제, 이것은 인간의 유일한 존엄성을 약화시키고 상실시키기까지 할 수 있기 때문이다. 이러한 생명공학에서 이루어낸 생명복제는 성경에서 하나님이 인간을 창조한 창조주라는 하나님의 주권에 도전하는 데까지 이를 수가 있기 때문이다. 이것은 어쩌면 따먹지 말아야만 할 21세기의 선악과가 될 수 있다.

비트의 시대로 대변되는 정보화시대 또한 무한 복제의 시대이다. 산업혁명이 물질세계의 조작을 통한 '물질 대량복제'이고, 생명공학이 유전자 조작을 통한 '생명 대량복제'라면, 정보화시대는 인간 정신 활동의 산물, 즉 '정신적인 것의 대량복제'로 비유할 수 있다. 이제 디지털 기술은 우리의 환경마저도 가상현실 기법에 의해 형상화해 대량복제하고자 한다. 생명공학의 눈부신 발전으로 신의 영역이었던 생명복제가 막 시작됐다.

복제된 양 한 마리 때문에 온 세상이 떠들썩하다. 영국 로슬린 연구소의 이안 윌머트 박사와 케이스 캠벨 박사가 성숙한 양을 복제하는 데 성공해 전 세계가 충격에 휩싸인 것이다. 이 복제된 양 한 마리가 공상과학 소설에서나 나오던 '인간복제' 실현의 신호탄이기 때문이다. 의학적으로는 양이나 사람의 복제 기술에는 별 차이 없으므로 (믿고 싶지는 않겠지만) 금방이라도 인간복제가 일어날 것은 자명한 일이다. 아니, 어쩌면 인간복제의 비밀실험은 이미 시작됐을지도 모른다. 이번 실험은 기존의 수정란 복제와는 근본적으로 다르다. 수정란을 분할해서 일란성 쌍생아를 만드는 실험은 수정란이 있어야만 가능하고, 수정란은 한 쌍의 남녀로부터 정자와 난자를 공급받아야 얻을 수 있으므로 이는 엄밀하게 말하면 복제라 할 수 없다. 그러나 윌머트에 의해 성숙한 개체의 체세포로 복제할 수 있게 됐으므로, 누구나 자신의 체세포를 떼어서 자신과 동일한 유전자 구성을 가진 개체를 만들 수 있는 것이다. 새로 생긴 개체는 자신과 나이만 다를 뿐 일란성 쌍둥이처럼 정말 똑같이 생겼을 것이다. 백일 사진이 없는 사람은 자신의 살점을 조금 떼어서 맡기고 기다리면 자신의 어린 시절 모습을 재현할 수 있는 세상이 올지도 모른다.

인간 복제의 윤리적 측면을 들어 규제입법을 놓고 토론이 한창이다. 한 언론기관에서 수행한 "가장 복제하고 싶은 인물은?"이라는 설문조사에서 세종대왕 등이 수위를 차지하고 복제되지 말아야 할 인물에는 김일성, 히틀러 등이 거론됐다고 한다. 인간복제에 대한 수많은 우려에도 불구하고 농담처럼 인구에 회자되는 이런저런 이야기들을 듣고 있노라면, 인류가 태곳적 에덴동산의 사과에 매혹됐던 이유를 알 듯도 싶다. 수많은 공상과학소설의 주제였던 인류멸망에 대한 공포는 먼일이 된 듯하다. 선남선녀들을 선택해서 세포를 채취해내고 우주공간의 안전한 곳에 분산 보관했다가 필요할 때 복제해내면 그뿐일 테니까. '동물의 왕국'이란 프로그램이 계속 인기를 끄는 것도 사라져가는 멸종 위기에 처한 동물들을 화면으로나마 접하면서 신비감에 사로잡히기 때문이다. 그런데 '희귀 생물도 그냥 복제하면 되지 동물 보호는 해서 무엇하나.' 하는 생각에 이르러서는 끔찍한 우리의 이기심에 소름이 끼친다. 쥐라기 공원이 정말 현실화되는 것은 아닐까?

바야흐로 대량복제의 시대다. 산업혁명이 가져온 대량생산 기술은 물질의 대량복제를 낳았다. 자신이 지금 갖고 있는 물건 중 대량복제물이 아닌 것이 있는지 둘러보자. 입고 있는 옷, 신발, 지니고 있는 볼펜이나 수첩까지 대량복제의 산물이 아닌 것이 어디 하나라도 있는가? '내가 입은 옷은 수제품이야!'라며 자신의 개성을 뽐내는 멋쟁이 아가씨라 할지라도, 그 옷을 만든 옷감, 실, 염료 등은 말할 것도 없고 옷을 만들기 위해 사용된 재봉틀, 가위, 바늘에 이르기까지 모두 대량복제의 산물들이다. 생명공학의 눈부신 발전으로 신의 영역이었던 생명복제가 막 시작됐다. 비트의 시대로 대변되는 정보화시대 또한 무한 복제의 시대이다. 산업혁명이 물질세계의 조작을 통한 '물질 대량복제'이고, 생명공학이 유전자 조작을 통한 '생명 대량복제'라면, 정보화시대는 인간 정신활동의 산물, 즉 '정신적인 것의 대량복제'로 비유할 수 있다.

이제 디지털 기술은 우리의 환경마저도 가상현실 기법에 의해 형상화해내 대량복제하고자 한다. 물론 이 디지털 기술의 자가 복제 능력은 그 속도와 효율에 있어서 타의추종을 불허한다. 인류는 대량복제 기술에 의해 물질적 풍요를 이루고, 또한 복제품을 고르게 나눠가짐으로써 수많은 갈등을 해결해왔다. 이제 인류는 물질뿐 아니라 생명과 정신마저도 복제할 수 있게 될 것이다. 천상의 불 다음으로 프로메테우스가 인간에게 훔쳐다 준 것은 아마도 복제 기술인 듯하다. 월터 벤자민은 기계적 복제품이 난립하면서 예술작품들이 원래 가지고 있던 고유한 분위기를 망가뜨렸다고 주장한다. 그리고 그는 "예술품들에서처럼 현실마저도 그 분위기를 도둑맞을 수 있을까?"라는 질문을 던진다. 금강산 일만이천봉이 가상현실 기술로 완벽히 형상화된다면, 그래서 대량생산되기 시작한다면, 그에 대한 애틋한 향수는 함께 사라질 것이다. 귀여운 강아지 한 마리를 놓고 서로 다투는 어린 자매에 대한 가장 좋은 해결책은 그 강아지를 복제해 공평하게 나눠주는 것일까? 그렇다면 삼각관계에 빠진 연인들의 고통을 해결해주는 것도 복제를 통한 공유일까? 그리고 그다음엔 또 무엇을 복제할까? 더 이상 상상을 계속하는 것조차도 너무나 섬뜩한 일이다.

과연 인간 복제는 가능한가? 생물학자들의 생각은 '그렇다'일지 모르겠으나, 대부분의 정신의학자들의 생각은 '전혀 불가능하다'는 것이다. 복제된 개체는 전혀 다른 성장과정을 거치게 되므로 적어도 정신적으로는 완전히 다른 존재가 될 것이기 때문이다. 인간은 참으로 정신적 존재이다. 생명을 '유전자 조합'으로 정의하고 출발한 유전공학에 의한 성공적인 인간 복제가 역설적으로 인간은 '유전자 조합'만으로 정의될 수 없다는 증명을 해낸 셈이니 아이러니하기까지 하다. 인간 정신의 고유한 분위기는 생명복제 기술만으로는 도저히 훔칠 수 없는 것이다. 하지만 안심하고 있을 수만은 없다. 컴퓨터 기술이 시도하고 있는 것이 바로 인간 정신의 복제이기 때문이다. 복제된 인간이 난립하기 시작하면 사람만이 소유하고 있다고 철석같이 믿고 있던 개개인의 고유한 정신적 개성마저도 그 분위기를 도둑맞을 수 있을 것인가? 필자는 그럴 수 있다고 생각한다. 아니, 인간 정신세계에 대한 사이버스페이스의 이 가공할 공격은 이미 시작됐다. 암산을 빨리하는 아이는 이미 신동이 아니다. 손바닥만 한 전자계산기만도 못할 테니까. 여러 해 전 '다마고치 인형'의 선풍적 인기는 무엇을 의미하는가? 이 작은 게임기는 생명복제 기술을 사용하지 않고서도 병아리를 키우는 정신적인 기쁨만을 복제해 사람들의 마음을 사로잡고, 우리를 혼란케 하였다. 이탈리아에서 개발된 '디지털 물고기'는 헤엄치고, 성장하고, 짝짓고 생식한다. 냄새만 빼고 모든 것이 어항과 똑같다. 만약 먹이주기를 게을리하면 이 물고기는 끝내 죽어버릴 것이다. '프린세스메이커'를 통해 아이를 키우는 기쁨을 느낄 수도 있고 '신혼일기'를 통해서는 결혼생활의 애환을 체험할 수도 있다. 대표적인 컴퓨터 용어인 시뮬레이션이란 말은 '동적 복제'를 의미한다. 일본에서 선풍적 인기를 끌었던 사이버 아이돌(cyber idol) 쿄코는 완벽한 외모와 성격 특성까지 갖추고 있다. 음반까지 취입해서 진짜 방송 스타들과 경쟁했을 뿐 아니라 성인이 되면 누드집 발간을 하겠다는 계획도 발표했다. 물론 이는 스타에 열광하는 기쁨이라는 우리 정신세계의 일부분을 복제한 것이다.

머지않은 미래에 우리가 알고 있는 모든 것들이 컴퓨터 내부에서 형상화될 것이다. 또한 물질과 생명과 인간 정신에 대한 이 가공할 복제 기술들은 서로 결합해 사람의 정신을 가진 돼지를 만들고자 할 것이다. 아직은 조잡하지만 이 인간 정신의 부분적 복제 기술은 이미 우리 정신세계의 고유한 분위기에 대한 맹렬한 공격을 가하고 있다. 결국 복제 가능한 인간 정신의 가치는 점점 왜소하게 변해갈 것이다. 역설적으로 이러한 정신 복제 기술은 '인간 정신'의 정의에 대한 근본적인 물음 '인간 정신의 고유한 분위기는 무엇에서 오는가?'의 새로운 출발점이 된다. 적어도 이미 정보기술이 대체해버린 계산 능력이나 기억력은 아닌 듯하다.

미지의 정신세계인 인간 정신의 자유, 감성, 상상력, 창조성, 사랑 그리고 무한한 자기 재창조의 능력이 아닐까? 결코 부분들의 조합만으로는 설명될 수 없는 무한한 자기 재창조의 가능성마저 잉태하고 있다는 것이 바로 우리만의 고유한 분위기인 것은 아닐까? 제우스의 노여움을 산 프로메테우스는 인류에게 불을 훔쳐다 준 벌로 매일 큰 독수리에게 간을 먹히는 고통을 당하다가 헤라클레스에 의해 구원됐다. 인류의 지적 오만으로 온 세상을 떠들썩하게 한 인간복제 충격과 지금 서서히 다가오고 있는 인간 정신의 디지털 복제라는 재앙으로부터 인류는 구원받을 수 있을 것인가? 필자는 그 답을 알지 못한다. 하지만 분명한 것은 이러한 구원마저도 인간의 지적 능력에서 찾는 우를 범하지 않고 우리를 사람답게 하는 따뜻한 인간 본성으로부터 구해야 할 것이라는 점이다.

생명공학의 발전에 있어서 핵심적 역할을 담당한 학문분야는 유전공학이다. 유전공학이란 생명체의 난자, 정자, 수정란과 태아에 대한 인공적 개입을 시도하는 학문을 의미한다. 생명을 인위적으로 다루려는 노력에는 유전자(유전정보를 가진 DNA)의 조작, 세포의 융합, 핵이나 세포의 치환, 조직의 배양 등이 포함된다. 유전자 조작이라는 과정을 통하여 난자, 정자, 수정란, 태아에 대한 인위적 개입이 가능해질 뿐만 아니라, 인간 생명체의 조작과 복제가 가능해진다. 이제 과학자들은 유전자를 세포에서 분리하여 인위적인 변화를 일으켜 새로운 유전 정보를 갖는다. 유전과학자는 새로운 유전 정보를 세포에 다시 이식하여 새로운 유전 정보를 가진 새로운 세포를 만들어 낸다.

유전공학의 발전에 있어서 획기적인 단계는 체외수정의 성공으로부터 비롯된다. 체외수정을 통해서 인간은 생명체 형성의 초기 과정에 인위적으로 개입하게 되었다. 이러한 과정 속에서 과학자는 유전공학적 조작을 행하며, 생명에 대한 변형을 시도한다. 생명에 대한 과학자들의 끊임없는 연구는 시험관아기를 탄생시켰다.

생명의학은 계속해서 유전공학적인 발전을 거듭하고 있다. 얼마 전까지만 해도 인간복제의 문제는 심각하게 받아들여지지 않았다. 그것은 기술적으로 불가능한 지적 호기심의 문제일 뿐이라고 여겨졌다. 하지만 1993년 10월에 미국의 워싱턴 대학 연구팀이 인간 배자 복제에 성공했다고 발표했다. 인간 배자 복제의 시험을 성공시킨 생명과학은 급기야 체세포 복제의 실험까지 성공시켰다.

그러나 이보다 더 큰 성과는 1997년 2월 영국 에든버러 로슬린 연구소의 윌머트 연구팀이 체세포 방식을 통한 복제양 '돌리'의 탄생을 발표한 것이다. 로슬린 연구소의 아이언 윌머트 박사는 23일 6년생 암양을 유전적으로 복사한 새끼양을 만들어 냈다고 발표한 것이다. 윌머트 박사는 암양의 유선(乳腺)조직으로부터 채취한 세포를 실험실에서 배양, 특수화학처리를 통해 세포핵을 휴면(休眠)상태에 빠지게 하는 한편 수정되지 않은 다른 양의 난자로부터 세포의 유전자 중앙 통제실이라고 할 수 있는 세포핵을 제거한 다음 전류(電流)를 이용해 유선세포를 세포핵이 제거된 난자와 결합시켰다고 말했다. 영국 로슬 린 연구소의 론 제임스 박사가 6년산 암양의 유전자를 복사해 만든 새끼양을 23일 일반에 공개하고 있다[에든버러 AFP＝연합]. 즉, 영국 에서 유전자를 복사하여 '복제 양'을 사상 처음으로 탄생시켰다. 완전 히 자란 포유동물의 복제(複製)가 사상 처음 성공했다. 이론적으로는 복제인간의 출현도 가능해진 것이다.

월머트 박사는 이 결합을 통해 새로운 세포핵을 갖게 된 난자는 마 치 수정란처럼 배아(胚芽)로 자라났으며 이 배아를 암양의 자궁에 이 식했다고 밝히고 이렇게 해서 태어난 양의 새끼는 현재 태어난 지 7 개월이며 정상적으로 자라고 있다고 말했다. 월머트 박사는 이번 암 양의 복제실험은 성장한 포유동물의 경우, 생식(生殖) 이외의 역할을 하는 세포를 가지고도 완전한 복제품을 만들어낼 수 있음을 증명한 것이라면서 지금까지는 이것이 불가능한 것으로 생각돼 왔다고 말했 다. 이에 대해 과학자들은 그렇다면 윤리적으로 문제가 있겠지만 성 인 인간의 복제도 가능할 것이라고 말하고 있다. 돌리의 복제는 이전 의 조지 워싱턴 대학 연구팀이 발표한 인간 배자 복제와는 다른 생명 복제인데, 이는 돌리의 복제가 체세포 복제의 방식이기 때문이다. 체 세포 방식의 복제로 안하여 암컷과 수컷의 교배 없이도 생명이 탄생 할 수 있는 길, 곧 무성생식의 길이 열리게 된 것이다. 이제 돌리의 탄생과 함께 인간복제의 가능성이 심각하게 다가온다. 인간 배자 복 제와 돌리의 체세포 복제의 경우에서 보듯이 인간복제의 문제는 눈

앞에 다가온 현실의 문제가 되었다. 체세포 복제는 무성생식을 통하여 인간생명이 탄생될 수 있는 길을 열어주고 있다. 생명복제 및 인간복제의 가능성이 현실화되어 나타난 것이다.

돌리의 탄생에 적용되었던 생명복제 이론을 인간에게 적용하면 동일한 인간을 복제할 수 있다. 물론 복제된 인간은 태아일 것이나 원본과는 동일한 DNA 구조를 가진 인간이 될 것이다. 동일한 DNA 구조를 가진 인간이 복제된다고 해도 전적으로 동일한 인간이 만들어질 수는 없다. 하지만 체세포 복제가 가능해짐으로써 생물학적으로는 동일한 형식으로, 동일한 형질의 인간을 복제할 수 있는 가능성이 열린 것이 사실이다. 카운트다운에 돌입한 '인간복제' 기술은 우수 종자 가축 대량생산을 가능케 할 수도 있다. 그러나 이것은 신에 대한 도전이다. 과연 거세 동물복제 기술은 현대과학의 기념비적 개가인가? 아니면 인류를 파멸로 이끌 악마의 손길인가? 복제 양 '돌리'와 복제 원숭이의 잇따른 공개 이후 동물복제, 나아가 인간복제를 둘러싼 찬반양론이 전 세계적으로 뜨겁다. 장차 복제 인간이 탄생할 수 있다는 사실 자체가 엄청난 사회·윤리적인 문제점을 안고 있는 까닭이다.

옹호론자들은 동물복제는 우생학적으로 우수한 가축을 대량으로 생산할 수 있는 길을 열어 인류의 식량난 해결에 획기적 전기가 마련될 것이라고 주장한다. 이들은 이어 설사 복제인간이 출현하더라도 전혀 두려워할 것이 못된다고 설명한다. 사람들은 특정인과 똑같은 복제인간들이 나돌게 되면 큰 혼란이 일어날 것으로 흥분하나 그 충격은 미미할 것이라는 얘기다.

스코틀랜드 로슬린 연구소 윌머트 박사의 복제 양 성공에 이어 미국 오리건대에서도 원숭이의 복제가 성공하자 전 세계는 복제인간의 탄생이 눈앞의 현실로 다가선 듯 찬반 논란이 분분하다. 이번 연구 성과는 지난 50년대부터 꾸준히 전 세계 생명과학자들에 의해 연구돼 온 결실이다. 이 같은 복제동물 생산으로 인류가 기대할 수 있는 가장 큰 혜택은 의약품 생산이다. 현재 혈당조절제로 사용되고 있는 인슐린이나 왜소증 치료에 이용되는 성장호르몬과 같은 치료제는 혈액이나 장기조직에서 극히 제한적이고 엄청난 비용을 들여 추출해 오다 현재는 박테리아나 효모 등과 같은 원시 단세포로부터 대량 생산되고 있다. 그러나 이들 물질은 생리활성도가 낮아 치료제로서의 활용도가 떨어지는 단점이 있다.

이 같은 단점을 보완하기 위해 인간 인슐린 유전자를 동물의 유전자와 재조합해 이를 동물난자의 핵 안에 주입해 의약품을 생산하는 복제동물을 만들어낼 수 있다. 다시 말해 자연계에서는 존재하지 않는 새로운 형질, 즉 인간 인슐린을 생산하는 동물이 탄생돼 인체에서 만들어지는 것과 똑같은 인슐린을 동물에서 얻을 수 있는 것이다. 이런 복제동물은 특정한 형질이 자손대대로 유전돼 인간을 위해 기여한다.

이번 복제양의 실험목적도 인간의 유전적 질환을 치료하기 위한 의약품 개발에 있었다. 또 복제기술은 현재 턱없이 부족한 장기문제의 해결책이 될 수 있다. 장기에서 분리된 세포를 양이나 소 등 동물에 이식해 자라게 한 후 제2의 장기를 만들어 사용하는 것이다. 이렇게 되면 현재 장기를 기증받지 못해 안타까워하는 심장질환 · 백혈병 · 신부전 환자들에게 희망이 아닐 수 없다. 이제 인간복제에 대한 논란을 접고 인류복지를 위해 이러한 기술을 어떻게 활용할 것인가를 숙고해야 할 때라고 생각한다. 옹호론자들은 사람들의 불안은 특정인을 복제하면 외모는 물론 사고와 의식도 똑같은 완벽한 '제2의 인물'이 탄생할 것이라는 오해에서 출발한다고 지적한다. 그러나 동일한 유전형질을 지닌 탓에 외모 등 신체적 특성이 같더라도 세포를 제공한 인물과 복제인간은 완전히 다른 인격체라는 것이다. 옹호론자들이 애용하는 사례는 일란성 쌍둥이다. 즉, 이들은 복제인간처럼 똑같은 유전형질을 갖고 태어나나 각자의 자아를 지닌 개별적인 존재이며 아무런 문제없이 지낸다는 것이다. 또 인간복제 기술을 잘 규제할 경우 선용될 분야가 많다는 긍정론도 있다. 예컨대 자식이 급사해 그 부모가 복제기술을 이용해 똑같은 아이를 가지려 한다면 이는 비난할 수 없는 일이며 사회적으로 용인돼야 한다는 주장이다.

반대론은 여러 각도에서 제기되고 있다. 먼저 가톨릭 등 종교계는 생명을 인간이 조작한다는 것 자체를 '신에 대한 도전'으로 규정한다. 신이 내려준 생명의 존엄성을 해치는 행위는 자연 질서를 파괴하는 위험천만한 실험이라고 종교계는 규탄하고 있다. 수년 전 사람의 수정란을 복제하는 실험이 세상에 알려지자 많은 논란을 불러일으켰고 마침내 복제된 배자(胚子)를 폐기처분하기에 이르렀다. 배자 복제는 수정란의 복제기술로서, 일란성 쌍둥이 세쌍둥이 등의 출생과 생물학적으로 유사한 수준인 데 비해 영국 윌머트 박사팀에 의한 복제 양 '돌리'의 탄생은 수정란이 아닌 성숙한 양의 몸세포로부터 한 마리의 완전한 양을 발생분화시켰다는 점에서 획기적이다. 이것은 하나님이 아담의 갈비뼈로부터 이브를 만든 것과 가장 유사한 하나의 역사적 사건으로 남을 것이다. 그러나 얼굴도 없고 개성도 없는 양의 복제와 인간의 복제는 근본적으로 다른 차원의 문제임을 깨달아야 한다.

그리고 인간이 인간임은 그 모양에 있는 것이 아니고 그 마음에 있다. 인간의 자유로운 마음은 유전자에 의해서만 결정되는 것이 아니고 성장환경과 경험에 의해서 크게 좌우된다. 복제인간 제조기술로 나와 동일한 '나'를 만들 수 있을 것이란 환상에서 깨어나야 한다. 그렇다면 왜 인간복제에 대해 흥미를 가질까. 장기이식에 의한 생명의 연장 내지는 자식보다는 유전학적으로 자기와 동일한 대리인을 만들어, 릴레이 형식으로나마 생을 영속시키려는 이기적 본능 때문이 아닐까? 복제인간 제조기술을 이용해 베토벤이나 아인슈타인을 양산하고 싶은 유혹도 있지만 동일한 기술로 독재자 네로나 히틀러를 대량 생산할 수도 있음을 명심해야 할 것이다. 과연 인간이 하나님의 역할을 대신할 수 있는 존재인가? 외모는 비슷하지만 개성이나 생각이 전혀 다른 복제인간 '나' 사이의 촌수는 어떻게 매겨야 할지? 나의 아내와의 관계는? 나의 아들이나 딸과의 관계는?

과학적으로도 동물복제는 생물학적인 면역체계상 바람직하지 않다는 주장이 대두되고 있다. 자연질서에 따르면 생물체가 수정될 경우 정자와 난자가 서로 유전인자를 교환, 각기 다른 면역체계의 후손을 탄생시키며 결과적으로 전체 종족의 생존가능성을 높인다. 그러나 복제된 동물들은 똑같은 체질을 지닐 수밖에 없는 까닭에 특정한 병에 약할 경우 떼죽음을 면치 못할 공산이 크다는 것이다.

그리고 복제기술이 인위적으로 악용될 경우 벌어질 가공할 상황도 여럿 예견되고 있다. 부작용 없는 장기이식을 위해 자신의 세포를 이용, 복제인간을 탄생시킨 뒤 신체 일부를 떼어내고 죽일 수 있다는 게 대표적인 예다. 또 헉슬리의 소설 '위대한 신세계'에 나오듯 어떤 독재자가 순종적인 인간을 골라 대량복제해 노예처럼 부리려 할 수도 있다. 끝으로 만약 복제인간이 보편화되었을 때 현재 58세인 내가

20세인 복제된 '나'의 젊은 몸에 '목 바꿔치기' 수술을 해 보고 싶은 충동을 과연 억제할 수 있을지 염려된다.

스코틀랜드의 과학자 이언 윌머트 박사가 양(羊)복제 실험에 성공했다는 발표를 한 후 전 세계적으로 생명복제의 윤리성과 관련 연구의 규제 여부에 대한 논란이 일고 있다. 윌머트 박사의 실험은 성숙된 체세포를 이용했다는 점에서 생식세포에 의존하던 과거의 동물복제 실험과 다르며, 이것은 과학적으로는 큰 발전이지만 동시에 윤리적으로 많은 문제를 일으킬 가능성을 내포하고 있는 것이 사실이다. 과거의 복제 실험이 일란성 쌍둥이를 여럿 만드는 과정이라 한다면 이번 윌머트 박사의 실험은 다 자란 개체(個體)로부터도 유전적으로 똑같은 생명체의 재생이 가능하다는 것을 보여주고 있다. 이런 실험 기술이 인간에게도 큰 문제없이 적용될 수 있을 것이라는 것이 대부분 유전과학자들의 의견이고 보면 그 사회적 윤리적 파장의 심각성은 능히 짐작할 수 있다.

이미 미과파 유럽을 비롯한 많은 선진국에서는 생명복제에 관한 법률 제정을 검토하고 있으며, 우리나라에서도 과학기술처 장관이 국회 답변을 통해 그 필요성을 인정한 바 있다. 생명복제에 관한 적절한 규제가 필요하다는 것에는 유전과학자를 포함한 대부분의 사람들이 공감하고 있다. 문제는 어느 정도의 규제가 적절한가 하는 점이다. 과학기술의 발전에는 항상 순(順)기능과 역(逆)기능의 양면성이 있고, 또한 획기적인 발견이 이루어질 당시에는 관련 기술이 궁극적으로 어디까지 발전할지 예측하기 어렵기 때문이다.

전자(電子)를 발견해 20세기 전자정보문명의 기틀을 마련한 영국의 물리학자 톰슨이 당시 "전자의 실용가능성은 알지 못할 뿐 아니라 알고 싶지도 않다"고 한 말은 유명하다. 또한 원자핵의 비밀을 밝힌 것은 과학자들의 순수한 지적호기심이었지만 그 지식은 곧 원자폭탄의 제조로 이어졌고 강대국 간의 핵무기 경쟁은 인류가 자멸(自滅)할 수 있다는 위기감을 주기도 했다. 유전공학에 의한 인간복제도 비슷한, 아니 오히려 더 큰 위험성을 안고 있다. 핵폭탄은 원리를 알고 있어도 실제로 제작하기 위해서는 막대한 시설이 필요해 쉽게 확산되는 것을 막을 수 있었으나 인간복제는 원리만 알면 조그만 실험실에서도 실현이 가능해 그 악용(惡用)을 막기가 더욱 어려울 것이기 때문이다. 그러기에 일부에서는 인간복제에 이를 수 있는 모든 연구를 원천적으로 금지해야 한다고 주장하고 있다. 실제로 이탈리아와 같이 종교적 전통이 강한 나라에서는 인공수정을 포함한 모든 동물복제실험을 금지시켰다.

그러나 인간의 유전자를 이용한 연구는 유전적 질환 치료나 장기이식 등 인류의 건강복지에 커다란 도움을 줄 수 있는 분야다. 이러한 가능성을 단지 종교적 이유나 오용의 위험성 때문에 막아버리는 것은 현명한 방법이 아니다. 사실 사람을 복제하는 것에 대해선 거의 모든 과학자들도 반대하고 있다. 양 복제에 성공한 윌머트 박사도 미국의회 청문회에서 "인간복제는 비도덕적인 행위이며 받아들일 수 없다." 하는 입장을 분명히 했다.

수정세포를 이용한 기술은 이마 인간복제가 가능한 수준에 이르렀다는 것이 일반적인 판단이지만 아직까지 실제로 인간복제를 수행한 과학자는 없다. 오히려 세계의 발생생물학자들은 인간복제 금지를 포함한 생명윤리 헌장 채택을 추진하고 있다. 맹목적인 호기심이나 영웅심리 때문에 인간의 존엄성을 파괴하는 '프랑켄슈타인' 같은 과학자는 소설 속에서나 볼 수 있는 것이다.

물론 만일을 위해 인간복제에 관한 명백한 금지조치가 필요하겠으나 인간유전자를 이용한 기타 연구는 가능한 한 허용해야 하고 필요한 경우에만 관련 전문가들의 검토를 통해 금지여부를 판단하는 것이 좋을 것이다. 규제나 금지는 과학연구에 필수적인 창의력에 극약이 될 수 있으므로 매우 신중을 기해야 할 것이다.

반면 생명 복제기술 이용에 관한 국가권력이나 상업자본의 역할에 대해서는 엄격한 규제가 필요하다고 생각된다. 사회에 심각한 위험을 초래하는 것은 한 사람의 과학자라기보다 조직체일 가능성이 많기 때문이다. 또한 핵폭탄 제조의 예에서 보듯이 개인적으로는 선량한 시민도 국가권력이나 조직체 안에서는 그 조직이 설정한 목표에 맹목적으로 따라가는 경우가 많다. 과학연구의 창의성을 저해하지 않고 권력자의 욕심이나 상업적인 이익에 의해 유전공학 기술이 남용되는 것을 막을 수 있는 규정이 제정되기를 바란다(중앙일보 1997년 3월 25일자).

이러한 상황은 우리에게 어떠한 결과로서 다가오는가? 인간복제로 이어질 수 있는 유전공학적 연구는 신세계를 향한 길조(吉兆)인가, 아니면 창조주의 주권을 거스르는 바벨탑 건설인가? 이 문제에 대하여 우리 기독교 신앙은 어떤 평가를 내릴 수 있는가?

이러한 문제를 다룰 때, 단순히 공리주의적 입장을 취하는 것은 바람직하지 않다. 이익이 되는 면이 많으므로 그 일을 해도 되고, 손해가 되니 그 일을 하지 말아야 한다는 식의 공리주의적 입장은 한계에 부딪히게 될 것이다. 후에 우생학적으로 더 나은 인간을 복제하는 것이 인간 사회에 유익하다는 결론이 내려질 것이라면 공리주의적 입장은 결국 인간복제를 지향하는 방향으로 나아가게 될 것이다. 인간의 시각에서 이익과 손해를 따지는 것은 나쁜 것이 아닐지 몰라도 그것이 유일하거나 최고의 기준이 되어서는 안 된다. 더욱 근원적인 기준이 지켜지는 가운데 공리주의적 고려가 있을 수는 있으나, 공리주의를 가치로 삼는 것은 궁극적으로 생명을 경시하는 방향으로 나아가게 될 위험을 갖고 있다.

공리주의적 입장에 대하여 신앙인으로서 우리는 창조주 하나님의 주권이라는 측면에서 유전공학적 기술에 대한 입장을 정리해보아야 할 것이다. 하나님의 주권을 인정한다는 것은 인간의 한계를 겸손히 인정한다는 것이다. 이는 모든 유전공학적 연구를 중단해야 한다는 것을 말하는 것이 아니다. 사실상 창조주 하나님의 주권을 말하는 것은 특정한 인간의 입장을 절대화하는 것을 거부하고 계속적으로 상대화하는 것을 포함한다. 한 사람의 신앙인이 과학적 행위에 대해서 절대적으로 가부를 단정할 수는 없다 오히려 우리는 과학적 연구 결과에 대해서 신중한 입장을 취할 수밖에 없다.

역사를 돌이켜 보건대 상당수의 첨단의학적 발견이 당대의 종교계에 의하여 오해되고 거부되었음을 부인할 수 없다. 대개의 발견들은 당대의 부당한 편견과 싸워나가야만 했다. 심슨 경이 클로로포름을 발견했을 때, 그는 당대 의학계와 종교계의 편견에 맞서 싸워야만 했다. 누군가가 말한 바와 같이 편견은 언제나 새롭게 발견된 축복들을 질식시키는 데 탁월한 재능을 발휘한다. 심지어 어떤 성직자는 여자에게서 해산의 고통을 제거해주는 것은 하나님의 법칙에 반항하는 것이라고까지 말했다. 때때로 어떤 주장들은 그 당시에는 거부되던 것이 시간의 흐름 속에 시대의 상황의 변화됨에 따라 모두가 인정되는 경우가 많이 있는 것이다.

따라서 우리는 특별히 과학적 발견에 대하여 부당한 편견을 내세우지 않도록 주의할 필요가 있다. 그러나 우리는 과학적 연구 행위 뒤에 숨어 있는 불신앙적 전제, 비인간적 사고, 비윤리적 입장에 대해서는 질문할 수 있으며, 당연히 질문을 던져야 한다. 생명복제의 문제에 있어서 우리는 과학자들의 연구 행위 배후에 숨어 있는 생각에 대해서 질문하면서 다가올지도 모를 재앙에 대해서 경고해야 한다.

따라서 우리는 곧 인간복제로 이어질 수 있는 유전공학적 생명복제 기술의 위험성 문제에 대해서 우리는 진지하게 고민해야 한다. 유전공학적 기술은 창조주 주권의 시각에서 허용될 수 있을까? 유전공학적 복제기술은 창조질서의 파괴를 야기하는가? 생명복제가 창조질서의 파괴를 가져온다고 할 때, 창조질서란 무엇을 의미하는가? 유사 이래로 지탱되어 온 종(種)의 질서를 유지하는 것이 창조질서의 내용인가? 그렇지 않다. 성경에서 말하는 창조질서는 창조주와 피조물 사이의 관계, 피조물과 피조물 사이의 관계보존을 의미한다. 창조질서는 창조 시 인간이 부여받은 질서를 지키는 것, 곧 인간이 결코 하나님 앞에서 피조물의 자리를 지키며, 자연에 대해서 책임적 위치를 다하는 것을 의미한다. 성경에서 말하는 창조질서의 존중이란 그 원리에 있어서 적어도 세 가지를 의미한다.

첫째, 창조질서의 존중이란 인간 자신의 생명을 비롯한 모든 생명이 하나님께 속한 것임을 겸손히 인정하는 것이다. 설사 인간이 DNA의 내부구조에 대해서 약간의 개념적 지식을 추가한다고 하더라도 인간이 창조주가 되는 것이 아니며 생명의 신비가 온전히 파악되는 것도 아니다. 인간이 가질 그 어떤 지식도 그 자체가 창조주와 피조물의 관계를 무효화시키지 못한다. 생명의 주도권은 하나님께 있다.

인간은 자기 생명의 주인은 창조주 하나님이다. 생명을 유지하는 분도 하나님이시다. 그러므로 자신이나 타인의 생명에 대하여 권한을 행사하려는 것은 창조주의 주권에 위배된다.

둘째, 창조질서의 존중이란 인간이 동료 인간의 존엄성을 지키는 것을 포함한다. 다른 인간을 목적으로 대하지 않고 수단으로 대하는 것은 하나님의 창조질서에 위배된다. 하나님은 모든 인간을 하나님의 형상으로 만드셨으며, 모든 인간을 귀하게 여기라고 명하셨다. 근래 매스컴에서는 영장류 복제 성공과 이로 인한 심각한 논란을 잇달아 보도하고 있다. 영국의 과학자들이 다 자란 양의 세포를 이용해서 복제 양을 만드는 데 성공하였고, 이와 비슷한 시기에 미국에서는 원숭이복제에 성공하였다. 과학자들의 이 같은 연구결과는 그 기술이 인간복제에 남용될 수 있다는 데 문제의 심각성이 있다고 해야 할 것이다. 즉, 인간과 가까운 원숭이가 복제되면서부터 인간복제도 어렵지 않게 이루어질 수 있기 때문이다.

오늘날 과학의 발달은 우리의 상상을 초월할 만큼 급속도로 이루어지고 있다. 따라서 유전자 조작에 의해서 부모의 개입 없이도 인간이 대량으로, 마치 공장에서 제품이 생산되듯 복제된다면 신이 창조한 본래의 인간은 자취를 감추게 되고 복제인간만 생존하게 될 가능성을 배제할 수 없을 것이다.

이렇게 된다고 가정할 때 인간의 결혼제도는 물론, 가정이 파괴되고, 사회에 심각한 변동이 일어날 것이며 나아가서는 복제인간을 이용한 사회나 인간파괴 행위로 이어질 가능성도 없지 않을 것이다. 90년대 초만 하여도 문제의 심각성이 대두되지 않았었다.

그러나 이번 포유동물 양과 영장류인 원숭이의 복제로 양상이 달라졌다. 과학자들은 당장이라도 인간의 복제가 가능한 것으로 생각하고 있으며 우리나라에서도 그 가능성을 인정하고 있는 상태다. 본래 신은 인간을 창조할 때 한 남자와 한 여자를 만들었고 이들을 부부로 맺어주고 이들에게 신의 인간창조 사업에 협력하도록 하였다. 이때부터 인간은 한 남자와 한 여자, 즉 부부에게서 신이 부여한 생산능력의 힘으로 출생한다.

따라서 인간은 누구나 예외 없이 부부에 의해서 인간적인 방법으로 태어나며 또 그러한 방법으로 태어날 권리가 각자에게 있는 것이다. 또한 교회에서 인간은 신의 모상으로 창조되었다고 가르치고 있다. 이 말은 인간에게 인간적 존재를 부여하는 이성적 영혼이 신의 모상으로 창조되었다는 것을 의미한다. 인간의 존엄성은 바로 인간이 신의 모상대로 창조되었다는 데 근거한다. 인간의 모상이 신의 모상대로 창조되었기에 인간은 신적 생명에 참여하게 되었다. 인간의 생명이 존엄하다는 것은 여기에 있다. 따라서 인간을 복제한다는 것은 신의 창조질서에 대한 도전이고 침범이며 인간존엄성의 파괴이다.

나아가서는 신이 창조한 본래 인간의 말살행위이며 인류의 종말을 가져올 수 있는 심각한 행위이다. 차제에 우리 정부에서도 이 같은 연구가 더 이상 이루어지지 않도록 강력한 법적 제재가 있어야 할 것으로 사료된다. 따라서 인간복제라는 호기심 뒤에 숨어 있는 우생학적 우월주의는 단죄되어야 한다.

셋째, 창조질서의 존중이란 인간이 청지기의 자세를 가지고 하나님의 명령과 법칙에 따라 자연과 피조물을 돌보아야 함을 의미한다(창 1:28). 인간은 하나님의 뜻을 따르는 가운데 더 나은 길을 모색하기 위하여 자신의 학문적 지식을 사용해야 한다.

청지기의 책임을 맡은 인간은 두 가지 극단적 오류를 피해야 한다. 첫째, 인간은 마치 만물이 자신의 것인 양 제멋대로 남용해서는 안 된다. 둘째로, 인간은 무책임하고 게으른 자세를 취해서는 안 된다. 하나님은 인간으로 하여금 이 우주를 올바로 다스리도록 명령하셨다. 기독교의 창조신앙은 자연질서를 건강한 방향으로 변혁시키는 데 공헌해야 한다.

위에서 우리는 창조 질서의 존중이 단순히 자연적 질서의 유지만을 의미하는 것은 아님을 살펴보았다. 창조질서의 존중이란 창조주와 피조물 사이의 관계, 피조물과 피조물 사이의 관계가 창조주 하나님의 주권에 따라 실현되는 것을 의미한다. 이제 이러한 창조질서의 이해를 바탕으로 우리는 유전공학적 복제기술에 대하여 어떻게 창조 주권의 문제를 실천할 수 있을지를 살펴보아야 한다. 네 가지 면에서 창조주 주권의 문제를 살피는 것이 좋을 것이다.

첫째, 창조주 주권의 시각에서 볼 때 인간이 자신의 공리적 이유에서 복제 인간을 생산하는 것은 창조주 하나님의 주권에 위배된다. 만일 복제 인간이 탄생하게 된다면 임신의 행위는 단순히 한 명(개)의 인간을 복제하는 개념으로 바뀌게 된다. 인간복제는 주체적 인간이 아닌 객체적 인간을 산출할 수 있다. 복제 인간은 이제 사랑의 연합에 의하여 탄생하는 것이 아니라 실험실에서 생산될 뿐이다. 두 자유로운 인격 사이의 생명연합이 없이 그저 기계적인 조작에 의하여 인간이 산출되는 것이다. 이제 인간은 공장이나 실험실에서 제조되고 생산될 운명에 놓인다.

이제 불량품은 제거될 것이며 우량품만이 생산될 것이다. 누가 불량품과 우량품을 결정할 것인가? 좋은 것과 나쁜 것을 인간 스스로 결정하는 선악과 나무는 인간 복제를 결정짓는 모든 실험실과 헉슬리의 "멋진 신세계"에 등장하는 런던중앙부화장의 정원 앞에 심어져 있다. 실험실에서 탄생하는 인간은 주체적 인격이기보다는 객체적 자연인으로 생산될 위험에 놓인다. 이제 인간은 공리적 목적의 수단으로서 생산될지도 모른다. 인간의 존엄성이 그 자체로서 인정되기보다는 인간의 유용성이 더 큰 가치 기준으로 자리 잡게 될 것이다.

인간복제는 인간 도구화의 완결 과정을 향하여 나아가는 길 위에 있다. 하나님의 뜻에 따라 두 인격 사이의 사랑 가운데 태어난 인간일지라도 현대 사회의 비인격적 사회구조 속에서는 비인간화의 길을 걷게 된다. 인간은 자신의 자손으로 하여금 출생 이후에 비인간적 과정을 걷게 할 뿐만 아니라, 출생과정조차도 비인간적 과정으로 만들려고 하고 있다. 복제인간에 이르러 인간 도구화의 과정은 이제 정신적 차원을 넘어서 생물학적 차원에까지 도달하게 된다.

유전공학을 통하여 인간 유사 생명체의 조작에 이용하거나 도구인간을 생산하는 데 사용한다면, 그것은 하나님의 저주를 자초하고 인간 사회를 파멸로 인도하는 길이다. 인간은 결코 다른 인간의 수단이 될 수 없다. 인간은 하나의 인격체로서 목적이 되어야 한다. 생명을 조작하고 파멸시키는 방향의 유전공학은 용납될 수 없다. 인간이 특정 인간의 생산을 결정하는 전권을 행사하려는 것은 창조주의 지위를 찬탈하는 것이다.

둘째, 인간의 객체화를 수반하고 우생학적 우월주의로 연결되는 인간복제는 창조주 하나님의 뜻에 분명히 어긋나지만, 이것이 모든 유전광학적 기술이 다 악한 것임을 의미하지는 않는다. 유전공학적 기술은 선한 방향으로 사용될 수 있다. 유전공학의 발전은 부정적 결과만을 낳는 것이 아니다. 창조의 질서와 인간의 존엄성을 훼손시키지 않는 가운데 학문적 성과를 선용할 수도 있다.

인간은 무병장수하기를 소망한다. 그리고 늙지 않기를 바란다. 그래서 질병을 치유하기 위해 인간의 신체적 비밀을 파악하고 더 나아가 인간생명의 근원과 구조를 이해하려 애쓴다. 지금 지구촌에서 논란이 벌어지고 있는 인간복제 문제도 이러한 맥락에서 이해되어야 한다. 생명공학을 연구하는 일부 과학자들은 그들이 이뤄 놓은 연구성과가 인간까지도 복제할 수 있다는 비판을 불치병을 고쳐 200살까지 살 수 있다는 말로 정당화시키려 하고 있다.

사실 인간복제 가능성에 대한 우려는 이번에 갑작스럽게 대두된 것이 아니다. 1993년 미국의 한 대학에서 배자 세포 분리에 성공함으로써 배자를 분할해 임신해 있는 동안 유전자적으로 동일한 실체를 만들 수 있다는 방법을 예시했다. 이 연구가 머잖아 인간복제를 가능하게 하는 지표로 알려지면서 종교계를 비롯, 인간의 존엄성을 귀하게 여기는 사람들이 여러 곳에서 반대하는 일이 일어났다.

이러한 반대에도 불구하고 염려한 대로 인간복제 가능성이 지금 또다시 문제가 되고 있다. 그것은 영국을 비롯해 미국, 대만 등 많은 나라에서 실제로, 또는 잠정적으로 인간 복제가 가능하다는 연구결과를 내놓고 있기 때문이다. 양을 복제하고 원숭이를 복제하는 일이 현실로 나타나고 그 같은 소식을 접하는 사람들은 누구나 인간 복제가 가능하고, 이는 멀지 않았다고 느끼고 있다. 인간 복제에 대한 우려가 높아지자 미국의 빌 클린턴 전 대통령은 그러한 연구를 위해 정부 돈을 지원하지 않겠다는 공식입장을 발표했다. 중요한 것은 인간복제를 가능케 하는 연구에 대한 우려가 확산되고 있지만 그것을 연구하는 사람들은 자신들의 발걸음을 멈추지 않으리라는 것이다. 그러나 그것은 에너지의 비밀을 연구하려던 결과가 인류를 공포 속에 몰아넣는 원자탄을 생산해낸 것처럼 위험천만한 것이다. 인간복제 연구가 정당화될 수 없는 이유는 여러 가지가 있다. 우선 인간을 복제하려는 것은 인간생명의 본질을 왜곡시키는 것이라는 점이다. 인체 연구의 핵심은 생명을 관리하는 데 집중되어야 함에도 생명공학은 인체에 대한 불필요한 조작을 넘어 생명의 창조까지를 넘보며 그것을 정당화하고 있다. 또 인간복제는 생명의 유일회성과 존엄성을 파괴하는 행위다. 생명은 하느님의 창조행위를 통해 유일회적으로 주어지는 것이며 이러한 근거에서 존엄성을 갖는다.

따라서 인간생명의 근원을 파헤치고 그것을 복제하는 데까지 나아가고 있는 생명공학은 그 한계를 지켜야 한다. 인간을 복제할 경우 나타나는 혼돈은 상상하기 어려울 정도일 것이다. 자연의 질서를 송두리째 흔들어버릴지도 모른다. 원숭이를 복제해 동일한 실체를 만들었지만 행동은 다르게 나타났다는 연구결과도 있다. 잘못하면 인간의 정체성이 흔들릴 수 있으며 그 파장은 짐작하기조차 어렵다.

사회적·심리적 부작용 또한 큰 문제다. 인간은 부모의 결합으로 생산돼 사랑을 받고 혈육관계를 맺으며 다른 사회구성원과 공동체를 형성하며 생활하는 존재다. 인간 복제는 기술에 의존한 탄생의 차별성 때문에 인간관계가 파괴되고 기능과 능력을 지나치게 숭상하는 결과를 가져올 것이다. 생명공학이 인간을 복제하는 수준으로 진전되는 것은 막아야 한다. 그 남용과 오용을 방지할 법적 장치와 감시망을 갖추는 일이 시급한 과제로 다가왔음을 알아야 한다.

자연과학은 도덕이나 윤리에 중립적이다. 그러나 그 연구결과는 인간사회의 안정과 질서를 송두리째 혼란으로 몰아넣을 수 있다. 핵무기 제조 성공에서 인간은 이 사실을 뼈저리게 느꼈다. 스코틀랜드에서 성공한 양(羊)의 클로닝(인공無性번식)도 과학이 가져다 준 도덕적 공포(恐怖)의 전형적인 예다. 식물의 조직배양 번식 정도의 클로닝은 과수와 원예농업에 오랫동안 유익하게 이용돼 왔다. 동물에 있어서도 수정 직후의 배(胚)로부터 적출한 세포를 별개의 미수정란에 이식하는 방법은 이미 확립돼 있고 우수한 소를 번식하는 데 현재 널리 사용되고 있다.

그러나 스코틀랜드의 로슬린 연구소가 성공한 대로 다 자란 양의 세포를 잘라내 꺾꽂이식으로 무성번식시킴으로써 유전적으로는 본래의 양과 완전히 동일한 다른 양을 복제하는 데 성공했다는 것은 여태까지의 생명공학 발전에서 경악할 만한 새 장을 열었다고 해야 할 것이다. 인간도 이와 같은 방법으로 클로닝하는 것이 가능하다는 결론은 금방 나온다. 현재의 인간사회는 인간의 탄생 · 생애 · 죽음에 관련된 숭고함과 외경(畏敬)스러움이 만들어내는 인간끼리의 사랑과 인권 존중을 근거로 성립돼 있다. 만일 인간이 부모 사이에서 태어나지 않고 실험실이나 공장에서 무성번식으로 '제조'되는 일이 벌어진다면 인간사회를 받치고 있는 모든 개념은 일시에 무너져내릴 수 있을 것이다.

우리는 인간의 존엄성을 훼손하지 않는 가운데 유용한 의학적 성과를 보존하고 발전시키는 방법을 연구해야 한다. 우리는 인간의 질병을 치유하는 방향으로 유전공학적 발견을 사용할 수 있다. 선천성 기형아의 탄생을 예방할 수 있고, 불임 부부의 문제를 해결한다면 이는 바람직한 방향이다. 유전공학적 기술이 난치병을 치료하고 유전적 질병으로 고생하는 사람을 치유할 수 있다면 우리는 유전공학을 긍정적으로 평가할 수 있다. 인간의 존엄성과 가치를 고양시킬 수 있는 방향으로 생명공학의 발전 가능성을 모색해야 한다. 이 과정에서 인간의 한계를 넘어서는 실험을 무모하게 시도하기보다는 창조주 하나님의 주권을 겸손히 인정하는 가운데 여러 질병의 치유를 위하여 힘써야 한다.

셋째, 무모한 욕심을 충족시키기 위하여 자연을 훼손하거나, 무분별한 호기심을 충족시키기 위하여 동물을 실험하는 것은 창조주의 뜻에 어긋나는 행위다. 하지만 인간의 유전적 질병치료를 위하여 동물에 대해서 시행하는 생명공학적 연구는 가능할 것이다. 창조주 하나님은 인간에게 청지기로서의 막중한 책임을 부여하였다. 여러 종류의 질병의 원인을 규명함으로써 많은 인간과 동식물의 희생을 막을 수 있는 범주 안에서 생명공학적 연구는 허용될 수 있다. 하지만 그 어떤 경우에도 인간은 결코 실험대상이 되어서는 안 되며 인간의 존엄성은 지켜져야 한다. 양의 배자를 자르고 전기 충격을 가하는 것과 사람의 배자를 가르고 전기 충격을 가하는 것은 전혀 다르다. 로슬린 연구소팀은 227번째 실험 만에 성공을 거두었다고 한다. 만일 이것이 사람의 배자에 대해서 시행되었다면 엄청난 인명살상이었을 것이다. 2차 대전 당시 일본의 생체 실험은 인간의 존엄성을 무시한 잔인한 인명살상이었던 것이다.

넷째, 생명복제나 인간복제와 같은 생물학적 기술뿐 아니라 참으로 위험한 것은 창조주 하나님의 주권을 인정하지 않는 가운데 사용되는 모든 지식과 기술이다. 모든 기술은 언제나 중립적이다. 중립적 기술을 악마의 유혹에 따라 사용하는 인간의 마음이 문제의 핵심이다.

위험한 것은 생물학적인 복제만이 아니라 정신적인 복제를 통한 획일적인 인간형의 산출이다. 동료 인간의 존엄성을 망각하며 하나님의 주권을 거부하는 영적·정신적 구조를 가진 인간이 더욱 악한 영향을 끼친다. 하나님의 성령을 거스르고, 참인간의 정신을 거스르는 인간이 하나님과 사람들 앞에 위협이 되는 것이다.

생명복제에 관한 문제를 다룰 때 우리는 과학기술에 대해서만 문제를 제기하지 않는다. 모든 지식인들과 과학자들의 연구 행위의 배후에는 권력과 자본의 논리가 숨어 있다. 우리는 스스로를 하나님의 지위에까지 끌어올리는 권력과 자본의 논리에 대항할 수 있어야 한다. 자신의 힘을 강화시켜주고, 돈이 되는 것이라면 어떤 비윤리적 행위도 서슴지 않는 권력과 자본의 논리를 파헤쳐 그 위험성을 경고하는 것은 하나님의 주권에 대한 순종과 맥을 같이한다.

생명복제에 있어서 과학자들이 이룩한 이 같은 연구결과는 그 기술이 인간복제에 남용될 수 있다는 데 문제의 심각성이 있다고 해야 할 것이다. 즉, 인간과 가까운 원숭이가 복제되면서부터 인간복제도 어렵지 않게 이루어질 수 있기 때문이다. 오늘날 과학의 발달은 우리의 상상을 초월할 만큼 급속도로 이루어지고 있다. 따라서 유전자 조작에 의해서 부모의 개입 없이도 인간이 대량으로, 마치 공장에서 제품이 생산되듯 복제된다면 신이 창조한 본래의 인간은 자취를 감추게 되고 복제인간만 생존하게 될 가능성을 배제할 수 없을 것이다. 이렇게 된다고 가정할 때 인간의 결혼제도는 물론, 가정이 파괴되고, 사회에 심각한 변동이 일어날 것이며, 나아가서는 복제인간을 이용한 사회나 인간파괴 행위로 이어질 가능성도 없지 않을 것이다. 90년대 초만 하여도 문제의 심각성이 대두되지 않았었다. 그러나 포유동물

양과 영장류인 원숭이의 복제로 양상이 달라졌다. 과학자들이 당장이라도 인간의 복제가 가능한 것으로 생각하고 있으며 우리나라에서도 그 가능성을 인정하고 있는 상태다. 본래 신은 인간을 창조할 때 한 남자와 한 여자를 만들었고 이들을 부부로 맺어주고 이들에게 신의 인간창조 사업에 협력하도록 하였다. 이때부터 인간은 한 남자와 한 여자, 즉 부부에게서 신이 부여한 생산능력의 힘으로 출생한다. 따라서 인간은 누구나 예외 없이 부부에 의해서 인간적인 방법으로 태어나며 또 그러한 방법으로 태어날 권리가 각자에게 있는 것이다. 또한 교회에서는 인간은 신의 모상으로 창조되었다고 가르치고 있다. 이 말은 인간에게 인간적 존재를 부여하는 이성적 영혼이 신의 모상으로 창조되었다는 것을 의미한다. 인간의 존엄성은 바로 인간이 신의 모상대로 창조되었다는 데 근거한다. 인간의 모상이 신의 모상대로 창조되었기에 인간은 신적생명에 참여하게 되었다. 인간의 생명이 존엄하다는 것은 여기에 있다. 따라서 인간을 복제한다는 것은 신의 창조질서에 대한 도전이고 침범이며 인간 존엄성의 파괴이다. 나아가서는 신이 창조한 본래 인간의 말살행위이며 인류의 종말을 가져올 수 있는 심각한 행위이다.

차제에 우리 정부에서도 이 같은 연구가 더 이상 이루어지지 않도록 강력한 법적 제재가 있어야 할 것으로 사료된다. 인간복제 문제가 갑자기 현실로 다가서자 각국에서는 규제 장치를 요구하는 목소리가 높지만 대부분의 나라들은 현재로선 마땅한 규제수단이 없는 실정이다. 이번 실험이 시행됐던 영국의 경우 지난 90년 제정된 '인공수정법'을 원용하면 당장 아쉬운 대로 인간복제를 규제할 수 있다는 의견이 대두되고 있다. 이 법은 수정란에 다른 세포의 핵결합을 금하고 또 인공수정을 시행하는 기관은 국가의 특별허가를 얻도록 돼 있어 이를 통한 규제가 가능하다.

그러나 일각에서는 이번에 시행된 실험이 수정란이 아닌 세포핵을 제거한 무수정 난자를 이용해 이뤄졌기 때문에 법 테두리를 벗어난 것이라고 주장하고 있다. 그럼에도 이미 관련법이 있는 상황이어서 일부 조항만 고치면 인간복제를 법률로 통제하는 데 별 어려움이 없을 것으로 보인다. 미국은 아직 마땅한 법규가 없어 복제 양 출현소식이 나온 바로 다음 날 클린턴 대통령이 '국가생물윤리자문위원회'에 진상파악과 대책을 마련하라고 긴급 지시할 정도로 부산하다. 미국은 90일 안에 이 위원회의 연구보고서를 받은 뒤 이를 토대로 정부 차원의 법제정 작업에 들어갈 방침이다.

프랑스도 상황은 비슷해 자크 시라크 전 대통령은 '생명보건과학윤리위'를 긴급 소집, 동물복제 허용한계를 설정토록 지시했다. 유럽연합(EU)은 일찍이 인간복제의 위험성에 착안, 금지조항을 마련해둔 상태다. 그럼에도 유전자 조작 등에 대한 구체적 규정은 없는 형편이어서 자크 상테르 집행위원장은 추가적인 법안이 필요한지를 검토하도록 했다. 이 밖에 다른 나라들은 아직 구체적 움직임은 없지만 조만간 앞다퉈 법률검토 작업에 착수하게 될 것으로 보인다.

요컨대, 인간복제와 그것을 행하는 것에 대한 기독교 신학적, 윤리적 제언을 제시하고자 한다. 첫째, 과학자들은 지적 호기심만을 최고의 가치기준으로 생각해서는 안 될 것이다. 과학자들도 다른 인간들과 마찬가지로 청지기의 역할을 부여받았다. 인간 생명의 질병을 치료하고 보호하는 청지기의 지위와 역할을 넘어서는 연구는 자제되어야 한다. 지적 호기심만을 충족시키는 인간 복제는 또 다른 윤리적 문제를 내포한다. 이 시간에도 지극히 간단한 의료혜택을 받지 못해 죽어가는 많은 제3세계의 생명이 있다. 그런데 막대한 비용을 투자해 가면서 생명복제에 관한 무모한 실험들을 거듭하는 것은 비윤리적인 선택이다.

둘째, 인간의 주체적 자유는 창조주 하나님의 주권을 존중하는 가운데서만 가능하다. 하나님에 대한 경외, 인간에 대한 사람, 자연에 대한 애정과 함께 자기 한계에 대한 겸손이 없다면 인간의 유전공학적 기술은 고삐 풀린 말과 같이 될 것이며, 인간 자신의 지능과 재능을 악한 방향으로 사용하여 자신의 후손들에게 비참한 환경과 운명의 조건을 만들어 준다는 것은 창조주 하나님의 주권에 대한 반역일 뿐만 아니라, 동료 피조물과 인간의 존엄성에 대한 무책임한 행위일 것이다.

▌기독교생명윤리운동의 전략

그러면 이런 쉽지 않은 현실 속에서 기독교인들은 어떤 전략을 가지고 기독교생명윤리운동에 임해야 하는가? 이 질문에 대하여 세 가지를 제시하고자 한다.

1) 지금까지 강조해 온 것처럼 성도들을 대상으로 기독교생명윤리운동을 정당화시켜 주는 이념적 근거로서의 기독교적 인간관과 윤리관, 그리고 나아가서는 기독교 세계관을 교육시키는 일이 필요하다. 이유가 뚜렷하고 명확해야 운동이 힘을 얻는다. 어차피 생명윤리논쟁은 반대진영과의 힘겨루기일 수밖에 없다. 그렇다면 한국 국민의 1/4 가량을 점유하고 있는 기독교인들을 모든 채널을 동원하여 철저하게 교육시켜서 저변을 확대시켜야 한다.

2) 시급한 진단과 대응을 촉구하는 문제들이 제기되고 있다는 점을 고려할 때 시급한 문제들에 대한 신속한 대응도 필요하지만, 장기적인 안목을 가지고 토대를 견실하게 다져나가는 일도 필요하다. 운동과 동시에 미래에 이 운동을 담당해 나갈 인재 양성도 실시해야 하며, 교인들과 기독청년들의 교육을 위한 연구와 프로그램 마련에도 힘을

기울여야 한다. 예컨대 히포크라테스 운동은 생명윤리라는 것 자체가 없었던 열악한 시대에 극소수의 개혁운동으로 시작되었다. 그러나 숫자의 열세와 사회적인 소수집단이라는 불리한 조건에 연연하지 않고 꾸준히, 타협하지 않고, 그리고 일관성 있게 운동을 전개해 온 결과 200~300년 후부터는 누적되어 온 힘이 마침내 드러나기 시작하여 향후 20세기 후반 제네바선언이 있기까지 명실상부한 서구의료의 도덕적 지주 역할을 훌륭히 수행해낼 수 있었다. 네덜란드의 사회경제운동 가운데 하나인 사회보장제도운동도 마찬가지다. 네덜란드에서 사회보장제도운동이 시작된 것은 19세기 말이었다. 이때부터 수많은 세미나와 콘퍼런스와 회의를 거치면서 양차대전이라는 대재난을 겪는 가운데서도 운동은 계속되었고, 축적된 운동의 누적된 힘이 마침내 1960년대에 전국적인 사회보장제도의 완결을 가져오는 쾌거를 이룩했다. 이 결과를 얻기 위하여 네덜란드의 기독교인들은 80년간을 싸웠다. 50년, 또는 100년을 내다보면서 내가 못하면 후손이 이어받아서 한다는 긴 안목을 가지고 오늘 벽돌 한 장 한 장을 견실히 쌓아나가는 노력이 있어야 한다. 기도와 땀과 연구가 오랜 시간 동안 누적되어 토대가 견실해지면 자연스럽게 힘이 붙고 그때 비로소 열매를 거둘 수 있기 때문이다.

3) 기독교인들을 위한 교육과 더불어 비기독교세계를 향해서 우리의 입장을 설득력 있게 제시해야 하는 과제도 소홀히 할 수 없다. 그러기 위해서는 발달된 과학에 뒤따르는 위험성을 경고하는 태도와 더불어 발달된 과학을 정확하게 이해하고 그것을 인류사회를 위하여 안전하게 활용할 수 있는 설득력 있는 대안을 제시하는 작업도 동시에 필요하다. 여기서 우리는 과학주의(scientism)와 과학(science)을 구분

할 필요가 있다. 기독교인들은 과학을 가지고 인간의 삶의 전 영역을 다 설명할 수 있다거나 과학연구를 통하여 유토피아를 건설할 수 있다는 환상을 말하는 과학주의에 대해서는 경계해야 하겠지만, 과학연구 그 자체는 반드시 기독교적 세계관과 충돌되는 것이 아니며, 적절한 규범 안에서 선하게 활용되면 인류사회에 유익을 가져 올 수 있다는 인식하에 과학적인 대안 제시를 위한 노력에 힘을 기울여야 할 것이다.

자연과학은 자연의 관찰을 통해 자연 내에 존재하는 질서를 파악하고 이를 연구하는 학문이며, 자연은 하나님의 피조세계이며 인간에게 다스리도록 맡겨주신 피조물인 것이다. 하지만 우리의 선조들은 이 거대한 자연 앞에 오히려 인간의 왜소함을 느끼며 자연을 지나치게 경외함으로 숭배의 대상으로 여겨왔으며, 오늘날도 극단의 환경운동단체나 동물보호단체 등은 자연에 대해 경외의 태도를 가지고 있다. 반대로 자연을 정복하는 것이 인간에게 주어진 권리라 하여 닥치는 대로 자연을 훼손시키며 개발하려는 극단의 경제개발주의도 극성을 부리고 있는 것이 오늘의 현실이다.

자연은 하나님께서 우리에게 내려주신 선물이며, 신의 걸작품이다. 작품을 깊이 들여다보면 제작자의 의도와 마음을 읽을 수 있듯이 우리는 자연을 관찰하고 연구함으로써 자연을 만드신 창조주 하나님을 더 자세히 알아갈 수 있으며, 우리를 향하신 하나님의 사랑도 더 세밀히 느낄 수 있을 것이다. 갈릴레오도 고백했듯이 하나님께서는 우리에게 두 권의 책을 주셨다. 한 권은 성경이며, 다른 한 권은 자연인 것이다. 하나님께서 만드신 이 두 권의 책은 같은 작가에 의해 쓰였으므로 서로 통하는 일맥상통한 그 무엇이 있기에 한 권을 깊이 깨달으면 다른 한 권은 더 쉽게 이해할 수 있을 것이다. 그러므로 과학은 하나님을 이해하는 데 매우 유익한 교과서라고 말할 수 있다.

하지만 과학을 그렇게 단순하게 다룰 수는 없을 것이다. 과학은 무조건 좋은 것이기 때문에 어떤 연구도 해도 괜찮다거나 할 수 있다고 다 해도 되는 것은 아닌 것이다. 왜냐하면 과학은 결코 가치중립적이지 않기 때문이다. 플라톤 이래로 과학은 자연에 대한 경외와 호기심으로부터 출발하지만 과학자는 자신이 가지고 있는 다양한 세계관의 영향을 받기 때문에 절대적인 가치중립은 존재하지 않는다. 과학자는 이러한 연구를 통해 이루려고 하는 자신의 내적 동기가 있을 것이며, 이러한 과학을 이용하여 힘을 가지려는 세력이 있을 수 있는 것이다. 콩트가 말한 바와 같이 우리가 알려고 하는 것은 예측하기 위함이고, 예측하려는 의도는 지배하기 위함이라면, 결국 과학은 인간의 탐욕의 도구로 전락되어 버린 셈이다.

과학뿐 아니라, 과학의 결과로 얻어진 수많은 기술들도 결국은 돈을 벌고 다른 사람에게 힘을 행세하기 위한 것이며 의술도 예외가 아닌 것이다. 최근 200년 사이 급속히 발전한 과학은 지나치게 전문화되어 이제는 전체를 볼 수 없는 지경에 이르렀다. 가령 의학의 분야에 있어서도 지나치게 의학이 세분화되어 분자생물학의 차원에서 다루어지며 각 분과전문의가 자신의 전문 영역을 다루다 보니 환자를 전인격적으로 대하지 못하게 되었다. 뿐만 아니라 과학이면 무엇이든 가능하다는 잘못된 신념이 퍼지면서 과학주의는 하나의 종교로 자리잡게 되었으며, 급기야는 인간복제를 통해 생명을 창조하며 영생을 꿈꾸는 지경에 이르렀고, 할 수 있는 것은 무엇이든 할 수 있으며, 지금 하고 있는 것은 해도 된다는 과학지상주의는 마치 브레이크가 파열된 덤프트럭이 내리막길을 질주하는데도 그 궁극을 모른 채 트럭 위에서 환호성을 지르는 아이들과 같은 상황인 것이다.

과학이 이렇듯 가치중립적이 아니기 때문에 우리 기독교인들은 과학을 그냥 방치해 주어서는 결코 안 되며, 오히려 적극적으로 탐구하여 과학의 영역에서도 그리스도가 주인이 되시도록 하여야 할 것이다. 하지만 오늘의 한국 교회와 기독교의 현실을 돌아볼 때 과학에 대한 잘못된 편견과 오해가 난무하고 있는 것이 사실이다. 과학은 마치 이 세상의 속된 학문이며, 세속적인 것이며, 마지막 날에 불타 없어질 일시적인 것으로 생각하며, 나아가 마치 과학은 사탄의 영역으로 우리가 대적해야 할 악의 세력인 것으로 생각하기까지 한다. 예수님을 영접하여 영생을 얻는 것 이외의 모든 것은 하등 필요 없으며, 교회와 전도, 그리고 제자훈련과 세계선교는 거룩하고 영적이며, 과학과 기술은 세속적이며 육적이라는 이원론적 신앙은 그리스도인의 과학에 대한 관점을 매우 왜곡시키고 있는 것이 사실이다.

과연 과학은 거룩하지 않으며 세속적인 학문인가? 『훈련으로 되는 제자』라는 책을 쓴 헨릭슨은 책 서두에서 토목공학자로서 다리를 건설하던 중 문득 마지막 심판 날에 불타 없어질 다리를 위해 애쓰는 자신을 발견하고 이를 버려두고 제자훈련 사역에 뛰어들었노라고 기술하고 있다. 과연 그 다리는 단지 불타 없어질 쓸모없는 다리에 불과한가? 결코 그렇지 않을 것이다. 그 다리를 통해 많은 전도자들이 왕래할 것이며, 꼭 전도에 사용되지 않았다 하더라도 든든히 세워진 그 다리를 통해 많은 우리의 이웃들이 힘들지 않고 강을 건너게 되며, 아이들이 더 쉽게 강을 건너 학교를 다니며 희망찬 미래를 꿈꿀 것이다. 우스개 얘기이긴 하지만, 마지막 심판 날에 하나님께서 전도 왕을 시상하는데, 전도를 많이 한 사람에게 일등상이 주어진 것이 아니라, 전도자가 복음을 전할 수 있게 전도지와 성경책을 제작한 인쇄소 직공과 이를 발명한 과학자, 전도자의 신발을 고쳐준 구두수선공, 자동차와 전화를 발명한 과학자, 그리고 전도자가 대중을 향해 설교할 수 있도록 만들어준 음향기술자와 과학자들이 먼저 시상대에 오를 것이라는 이야기도 지나치게 과장된 이야기만은 아닐 것이다. 클레멘트가 직시한 것처럼 모든 진리는 하나님의 진리이며, 우리는 과학을 통해서 더 깊이 하나님을 알아가게 될 뿐 아니라, 이웃을 더 잘 돕고 사랑할 수 있으며, 예수님의 지상명령을 이루는 데에도 더 효과적일 수 있음을 명심하여야 할 것이다.

지나온 역사 가운데 과연 기독교는 과학을 어떻게 받아들이고 서로 어떤 영향을 끼쳤는가? 테르툴리아누스의 "예루살렘과 아테네가 무슨 관계가 있는가?"라는 표현이 어쩌면 초대교회에서의 과학과 기독교의 관계를 가장 잘 묘사하고 있으며, 당시에는 예수님을 영접하고 복음을 받아들인 후에는 더 이상 아무런 학문과 연구가 필요치 않다는 입장이 지배적이었다. 그 가운데서도 하나님의 창조사역을 학문적으로 정립한 첫 번째 작품은 바실의 '헥사메론'일 것이다. 하지만 주된 흐름은 플라톤주의와 당시 이단의 하나인 영지주의의 영향으로 영적인 것은 거룩하며, 그 이외의 학문들은 배설물과 같은 것들로 이를 죄악시하였다. 대표적인 교부였던 어거스틴도 활발한 저술활동을 하였지만 자연과학에 대해서는 회의적이었으며 인문학 공부들은 오히려 자신을 멸망시키는 역할을 하였다고 고백하기도 했다.

중세시대에서의 과학은 철저히 종교의 시녀로서의 역할을 수행했는데 그 가운데서도 수도원 학교에서 학문이 이어졌으며, 11세기 이후에 유럽의 여러 나라들이 경제적으로 부흥하면서 도시의 성당학교에서 신학뿐 아니라 세속학문도 가르치게 되었다. 특히 12세기에 시작된 볼로냐대학을 비롯한 파리, 옥스퍼드대학을 통해 부분적으로나마 과학연구가 이루어지면서 베이컨 같은 탁월한 학자가 배출되기도 하였다. 베이컨은 어거스틴과는 달리 고전전통이 기독교에 도움이 되며 자연과학이 종교의 시녀로서 신뢰할 만하며 충분히 유용하다고 기술하였다. 물론 당시의 자연과학은 하나님의 창조질서를 이해하고 규명하는 차원이었으나 합리적인 사고의 틀을 준비하는 기간이 되었다.

아울러 자연의 질서를 실생활에 이용하기 시작하였는데, 부활절 절기의 날짜를 계산한다거나, 수도원에 해시계와 물시계를 도입한 것도 이즈음이다. 하지만 이러한 종교의 충실한 시녀 역할을 했던 자연과학이 이성적 사고의 강화에 힘입어 주인인 신학과 긴장관계에 들어가게 된다. 이러한 이성주의는 인쇄술의 발달과 십자군전쟁을 통해 널리 전파되기에 이르렀고 하나님이 천지를 창조하셨지만 그 이후에는 관여하지 않으신다는 '시계제조자 이론'이 등장하였으며, 창조 이후의 세계는 자연 스스로 운행된다는 기계론적 우주관이 등장하게 되었다. 결국 이러한 사상은 후에 이신론으로 발전하여 천지를 창조하신 하나님은 살아계시나 멀리 떨어져 있으며 지상의 일에 관여하지 않으신다는 사조를 형성하게 되었다.

유럽이 학문의 자유와 인간중심의 인본주의, 그리고 유물론으로 대표되는 르네상스를 맞이하면서, 한편에서는 루터와 캘빈이 중심이 되어 종교개혁이 일어나게 되었고 이러한 즈음에 과학혁명이라고도 불리울 정도로 급격한 변화를 겪으면서 근대과학이 탄생하게 된 것이다. 당시만 해도 아리스토텔레스가 주창한 천동설이 당연한 것으로 받아들여졌으며, 지구가 중심이며 안전하다는 사실이 성경과도 부합되는 것으로 믿어왔으나, 코페르니쿠스의 "천구의 회전에 관하여"가 발간되면서 지구가 자전하며 태양 주위를 돌고 있다는 지동설이 처음 등장하게 되었다. 하지만 이것은 단지 수학적 가설이었기에 큰 파장을 불러일으키지 못하였으나, 1609년 자신이 만든 망원경으로 천체를 관찰하기 시작한 갈릴레오의 등장으로 코페르니쿠스의 지동설은 빛을 보게 되었다.

특히 갈릴레오가 출간한 "천문대화"는 기존의 천동설을 주장한 가톨릭교회를 우매한 자로, 그리고 지동설의 입장을 현자로 묘사함으로써 논쟁의 핵심보다 교회의 권위와 갈릴레오와의 한판 싸움으로 변하였으며, 여기에는 당시의 교회상황과 갈릴레오의 논쟁적인 성격 등 다양한 요인이 관여된 것으로 생각된다. 결국 갈릴레오는 이 재판에서 유죄판결을 받고 자신도 잘못을 시인하였지만, 이를 통해 지동설은 서서히 자리를 잡아가게 되었으며, 신학의 시녀였던 과학은 이제 주인으로 행세하게 되었고, 기독교 내에서도 큰 변화가 오게 되었다.

근대과학의 출범을 보면서 중세시대에 왜 기독교가 자연과학에 대해 보다 적극적이지 못 했는가 자성해 보면, 당시의 신학에 있어서 올바른 기독교 세계관이 확립되지 못한 것이 주된 원인이 아닌가 생각된다. 영적인 것만 영원하며, 교회나 신앙과 직접 관련되지 않은 일상의 삶이나 자연에 대해서는 큰 비중을 두지 않았을 뿐 아니라, 오히려 신앙을 방해한다는 잘못된 이원론적 세계관이 중세시대를 주도하고 있었던 것이다. 물론 당시에도 성직자로서의 안정된 지위를 마다하고 천문학 영역에서 하나님이 맡겨주신 제사장의 삶을 살겠노라고 평생을 한결같이 별만 보며 삶을 마친 케플러와 같은 세계관의 소유자가 더러 있긴 하였지만 교회의 왜곡된 신학의 흐름을 바로잡지는 못했다. 세계관은 세상을 바라보는 창으로서, 어떤 눈으로 자연을 바라보는 가에 따라 그 결과는 얼마든지 달라질 수 있는 것이다. 지구는 무조건 중심에 있어야 하고, 모든 천체는 지구를 중심으로 돌아야 한다는 천동설은, 어쩌면 오늘날도 내가 우주의 중심이 되어야 하고 다른 사람들은 모두 나를 위해 존재해야 한다는 이기적 세계관으로 이어지고 있는 것은 아닌지? 나아가 이러한 개인주의와 우월주의로 인해 교회도 내 교회만 잘되면 된다는 개 교회주의로 치닫고 있지는 않은지 돌아보게 된다.

당시만 해도 유럽 외에 중국문명, 인도문명, 그리고 아랍지역에도 상당한 학문적 세계가 있었음에도 유럽에서 과학혁명이 일어나게 된 배경은 무엇일까? 이러한 질문에 단순하게 답할 수는 없지만, 유럽을 지배하고 있었던 기독교의 진리 가운데에서 그 열쇠를 발견할 수 있지 않을까 생각된다. 자연의 질서를 강조하는 창세기의 창조기사, 성경 면면히 배어 있는 진리에 대한 강조, 나아가 청교도의 성실과 이웃사랑의 정신 등이 작용하였을 것으로 생각된다. 과학혁명을 주도했던 코페르니쿠스, 케플러, 보일, 갈릴레오, 뉴턴 등이 모두 기독교적 배경을 가지고 있으며, 모든 진리는 하나님의 진리임을 확신하였다.

특히 갈릴레오가 성경과 자연에 대해 말한 '두 권의 책' 개념이라든가 이웃을 사랑하기 위해 '아는 것이 힘'이라는 베이컨의 주장, 그리고 자신을 단지 진리의 바닷가에서 작은 조약돌을 줍고 기뻐하는 소년으로 비유한 뉴턴의 고백 속에는 기독교적 사상이 깊이 배어 있음을 알 수 있다. 이것은 중세시대에도 신학이 결코 자연과학과 무관하지 않았으며, 알게 모르게 과학에 다양한 영향을 주었음을 입증하는 것이며 기독교와 과학 사이에는 쉴 새 없는 상호작용이 있었음을 말해 주고 있다.

이러한 근대과학의 혁명은 산업혁명으로 이어지게 되었으며, 유물론적 사고에 기반한 과학혁명은 기계론적 자연관을 부추기며 우주를 하나의 거대한 기계로 인식한 뉴턴에 의해 완성되었다. 물론 뉴턴은 유신론적 기계론을 주장하였으나, 이러한 기계론적 자연관은 결국 18세기에 들어서면서 이신론으로 이어지게 되었다. 코람 데오(Coram Deo)가 아니라, 더 이상 보이지 않는 신의 존재는 사람들로 하여금 마음대로 행동하게 만들었고, 이는 정치적 부패로 이어졌으며, 우주가 저절로 생길 수 있다며 하나님 없는 자연을 말한 라플라스의 무신론적 기계론이 등장하게 되었다. 즉, 철학이나 신학으로부터 자유를 누리고자 하면 어느새 또 다른 철학과 신학의 지배를 받게 됨을 보여주는 한 단면인 셈이다. 지구와 생명의 역사에 관한 논쟁도 결국 성경과 과학의 갈등을 그대로 드러내 준다. 창세기를 문자적으로 해석하는 경우, 지구와 우주는 같은 기원을 가지며 인간의 역사도 6000년 정도의 비슷한 기간을 가지는 것으로 생각될 수 있다. 하지만 지질학의 발전과 방사성 동위원소 등 과학적 연대측정법의 발명은 우주의 역사를 46억 년 이전으로 돌려놓았고, 1859년 발간된 다윈의 "종의 기원"은 인류의 역사마저 훨씬 오래전 동물로부터 진화된 것으로 가정하였으며, 이로부터 지금까지 창조론과 진화론의 끝없는 논쟁은 계속되고 있다.

과연 하나님의 말씀인 성경이 변치 않는 진리라면 우리는 성경을 어떻게 받아들여야 하는가? 성경은 분명 변하지 않으나 성경을 해석하는 인간세계는 변하기 마련이다. 즉, 사회적 변화에 따라 성경 해석도 변하게 되는데, 가령 인종차별 문제나 일부다처제, 남녀평등의 문제, 심지어 이혼과 동성애에 대한 견해도 시대에 따라 달라져 온 것이 사실이다. 또한 과학의 발전에 따라 성경해석은 변해 왔는데 그중에 대표적인 것이 바로 천동설과 지동설 논쟁일 것이다. 그렇다면 성경말씀의 궁극적인 해석은 계속 보류되어야 하는가?

진리는 변치 않아야 진리인데, 해석에 따라 변하는 진리가 과연 진리인가? 지금의 과학과 사회적 잣대로 해석된 말씀이 새로운 과학의 발견으로 내일 다르게 해석될 수 있다면 오늘 우리는 무엇을 믿어야 할 것인가? 우리의 의문은 꼬리를 물고 이어진다. 여기에서 우리는 성경이 기록된 목적을 다시금 생각해 보아야 할 것이다. 성경은 결코 과학교과서가 아니며 대백과사전이 아니다. 성경은 우리에게 구원의 길을 보여주는 하나님의 말씀이다.

우리는 말씀 속에 결코 달리 해석되어질 수 없는 흔들리지 않는 구속의 진리를 붙잡아야 한다. 하지만 과학의 발전에 따라 이전의 불완전한 해석이 보완될 수 있음을 인정해야 할 것이다. 왜냐하면 이전의 해석도 하나님께서 내려주신 것이 아니라, 누군가에 의해 해석되어졌으며, 결국 그 해석자의 세계관과 당시의 과학적 배경에 영향을 받은 해석일 수밖에 없기 때문이다. 다시 말하면 성경해석의 내용 중 우리가 변치 말고 수호해야 될 해석과 더 보완하고 수정해야 할 해석이 있음을 인정하고, 잘못된 해석을 마치 변치 않아야 할 완전한 해석으로 오해하여 이를 목숨 걸고 주장하다가 변치 않는 진리마저 무너져 내리는 어리석음을 범하지 말아야 할 것이다. 내 머릿속에 그물망처럼 얽혀 있는 이러한 성경의 다양한 해석들을 잘 정리해 냄으로써 신앙과 과학이 서로 대적하고 갈등하는 관계만이 아니라, 자연의 계시를 깨달음으로써 말씀의 계시가 더 또렷해지고 더 밝히 알 수 있게 되며, 아울러 말씀이 진리를 터득함으로써 자연의 질서를 더 분명하게 알게 되는 상호보완의 윈윈(Win-Win)의 관계가 가능하리라 생각된다.

하루가 다르게 급격히 변화하는 현대 과학의 발전 앞에 기독교인인 우리는 어떤 마음가짐으로 살아야 할 것인가? 과학의 발전이 때로 성경을 대적하는 것 같지만, 더 깊이 자연을 탐구하면 할수록 진리는 확연히 드러나는 법이다. 마치 생물체가 자연 발생하는 것같이 생각되었던 과학적 주장이 창조주 하나님을 신뢰한 파스퇴르의 실험에 의해 거짓이었음이 밝혀진 것처럼, 그리고 열역학 제2법칙이 오히려 우주의 시작이 있었음을 반증하며 아울러 우주의 종말을 예고하는 것처럼, 과학이 발전될수록 진리의 말씀이 옳았음이 점점 드러나게 될 것이다. 아울러 토마스 쿤의 이론처럼 과학 자체가 완전하지 않으며 현재의 이론으로 설명할 수 없는 이상현상이 생기게 되고 이러한 위기를 설명하는 새로운 패러다임이 등장하게 되는데, 이러한 새로운 과학철학은 이전의 경직된 사고를 유연하게 하며 물질의 세계를 뛰어넘는 영의 세계가 있음을 인정하는 이론적 바탕이 될 수 있기에 기독교적 세계관이 과학의 영역 안에서 자리매김을 할 수 있는 계기가 될 수 있을 것이다.

이러한 신앙과 과학의 통합을 위해 하나님이 중심이 된 일원적인 통합적(Integrated) 사고가 요구되며 기독교 내에서 이러한 세계관으로 학문하는 많은 기독 지성인들이 배출되어야 할 것이다. 창조론자 내에서도 각각의 입장에 따른 불필요한 논쟁을 하기보다는 1990년 이후

일고 있는 새로운 물결인 '지적 설계운동(Intelligent Design Movement)'을 매개로 함께 연합하여 공동전선을 구축하는 것이 바람직할 것이다. 신비한 인체의 내부를 보나, 아름다운 꽃이나 날아가는 새를 보나 어디든지 자연은 우연히 만들어졌다기보다 누군가의 지적설계에 의해 지어졌음을 알리는 이러한 '지적 설계운동'은 비단 기독교인들 뿐 아니라, 비 기독교인들까지도 동의하는 좋은 창조론 모델이라 생각된다.

이제 더 이상 논쟁을 위한 논쟁을 삼가고, 사랑 가운데 진리를 말하는 우리가 되었으면 한다. 하나님께서 인간을 만드시면서도 딱딱한 뼈대를 바깥에 두어 다른 사람을 찌르게 하지 않으셨고, 흔들리지 않고 변치 않는 진리의 뼈대는 몸속 깊숙이 두시며 오히려 바깥은 부드러운 살과 피부로 덮으신 것처럼, 우리는 흔들리지 않는 진리의 말씀을 가슴에 새기되 유연한 언어로 이웃에게 다가가야 할 것이다. 과학은 더 이상 신앙과 동떨어진 그 무엇이 아니라, 우리가 다스려야 할 신앙의 세계이며 이웃을 사랑하는 좋은 도구이기에 우리는 교회에서나 가정, 그리고 직장에서 기독교적 세계관으로 올바로 과학을 조명하며 이를 삶에 적용해 나가고, 우리의 후세들이 올바른 기독교 세계관을 지니도록 힘써 도와야 할 것이다.

▌참고문헌

국내문헌

강성렬. 「예언서에 나타난 하나님의 나라와 성령」. 대한예수교장로회총회 교육부 편. 『하나님의 나라와 생명』. 서울: 한국기독교출판사, 2001. pp.147 – 163.

구자건 외 5인. 『생태계 위기와 한국의 환경문제』. 따님, 1992.

권영근 편. 『위험한 미래』. 서울: 당대, 2000.

_____. 「유전자 조작 농산물의 위험성과 생명운동」. 『기독교사상』 제506호 (2001. 2.), pp.48 – 70.

김경재. 「생명회복을 향한 신학과 목회」. 『목회와 신학 3』. 서울: 한국기독교장로회총회 교육편, 1994. pp.27 – 35.

김이곤. 『신의 약속은 파기될 수 없다』. 천안: 한국신학연구소, 1979.

김영남. 「그리스도의 생명이해」. 『신학과 사상』 제20호. (1997). pp.64 – 89.

김지하. 『생명과 자치』. 서울: 솔, 1996.

_____. 「개혁과 생명운동」. 『환경과 종교』. 서울: 민음사, 1997. 191 – 256.

김종철. 『간디의 물레』. 대구: 녹색평론사, 1999.

김춘기. 『창조질서 회복을 위한 인간론』. 농촌과목회편집위원회. 『농촌과 목회』 통권 11호 (2001, 가을). pp.195 – 219.

길희성. 「자연, 인간, 종교」. 『환경과 종교』. 서울: 민음사: 1997. pp.9 – 43.

맹용길. 『생명의 효 윤리』. 서울: 장로회 신학대학 출판부, 1987.

문전섭. 「성례의 의미」. 목회자신문. 2001. 4. 28. 4면

박근원. 「머리말」. 『창조의 보존과 한국신학』. 서울: 대한기독교서회. 1992.
　　　pp.3 − 6.

박근용 외 5인. 「생명」. 『기독교 대백과사전』 제8권. 서울: 기독교신문사,
　　　1983. pp.923 − 932.

박병상. 『파우스트의 선택』. 대구: 녹색 평론사, 2000.

박재순. 『한국생명 신학의 모색』. 천안: 한국신학연구소, 2000.

서 로벨또. 『그리고 하나님 보시기에 참 좋았다』. 서울: 열린, 2001.

　　　　　. 「유전자 문제」. 『살림』 통권 139호. (2000). pp.47 − 60.

선순화. 『공명하는 생명신학』. 서울: 다산글방, 1999.

소기천. 「복음서에 나타난 하나님의 나라와 생명」. 대한예수교장로회총회 교
　　　육부. 『하나님의 나라와 생명』. 서울: 한국장로교출판사, 2001. pp.164
　　　− 178.

신기섭. 「유전자조작 농산물을 막아라」. 제3세계 농민들 저항, 한겨레신문,
　　　2002. 4. 8.

신승환. 「동서양의 생명이해」. 『성서와 함께』 제239호. (1996). pp.63 − 82.

왕대일. 「생서의 생명관」. 『성서와 함께』 제239호. (1996). pp.59 − 73.

　　　　. 「생명경외의 성서적 근거」. 『기독교사상』 제403호, (1992). pp.7 − 17.

염창선. 「기독론에서 전일론으로의 패러다임 변화 연구」. 감리교신학대학원.
　　　1991.

유전자조작식품반대생명운동연대. 「GMO 무엇이 문제인가?」. www. agri −
　　　Korea. or. kr. 2001. 6.

윤구병. 「농촌은 인류의 생명창고다」. 『녹색평론』 통권 제62호. (2002. 1. 2),
　　　pp.2 − 11.

윤정로 외 11인. 『생명의 위기』. 서울: 푸른나무, 2001.

이병길. 「생명목회를 위한 인간의 몸 이해」. 감리교신학대학원, 1997.

이정배. 「생명공학 우주론의 신학의 문제점」. 『기독교사상』 제506호. (2001.
　　　2.), pp.143 − 160.

　　　　. 「생태학적의 신학과제」. 『기독교사상』 제393호. (1991. 9.), pp.26 − 41.

　　　　. 「신과학시대의 기독교 영성」. 『생태학 삶을 추구하는 영성』. 한국교회
　　　환경연구소 엮음. 인천: 내일을여는책, 2000. pp.194 − 216.

　　　　. 「기독교의 자연관」. 『환경과 종교』. 서울: 민음사, 1997. pp.45 − 74.

　　　　. 『신학의 생명화 신학이 영성화』. 서울: 대한기독교서회, 1999.

　　　　. 「생태계의 위기 상황과 자연의 신학적 장고 규정에 대한 논의」. 『생태

학과 신학』. 서울: 종로서적, 1989. pp.13 - 29.

_____. 『하나님 영은 불고 싶은 대로 분다』. 서울: 한들, 1998.

이준모. 『생태적 인간』. 서울: 다산글방, 2000.

이후천. 「영혼과 몸의 관계에 대한 신학적 이해 치유선교」. 『치유와 선교』. 서울: 다산글방, 2000. pp.49 - 72.

장택희. 『살림이 논리』. 대구: 녹색 평론사, 2000.

장형식. 「신자유주의에 대한 생명신학적 비판과 대안」. 감리교신학대 대학교 대학원, 2000.

장회익. 「생명을 어떻게 볼 것인가」. 『생명이란 무엇인가』. 서울: 지호, 1999. pp.356 - 367.

정현경. 「오소서 성령이여 만물을 새롭게 하소서」. 『기독교사상』 제388호. (1991. 4), pp.93 - 108.

_____. 「민중신학과 생명 안에서의 코이노니아」. 『신학사상』 83권, (1993). pp.70 - 84.

정홍렬. 「하나님의 나라와 생명 - 조직신학적접근」. 대한예수교장로회총회 교육부, 『하나님 나라와 생명』. 서울: 한국장로교출판사 2001. pp.195 - 213.

정홍규. 『생명을 하늘처럼』. 서울: 성 바오로 출판사, 1993.

_____. 『지구 안의 사람 사람 안의 지구』. 대구: 가톨릭신문사, 1997.

_____. 『두레와 살림』. 서울: 성바오로출판사, 1996.

천 사무엘. 「구약성서에 나타난 생명신학」. 『생명문화와 기독교』. 서울: 한들, 1999. pp.156 - 170

최기준. 「성령이 교통하시는 하나님의 나라와 생명」. 대한예수교장로교총회 교육부. 『하나님 나라와 생명』. 서울장로교출판사, 2001. pp.9 - 39.

최연구. 『세계화의 현대사회 읽기』. 서울: 한울, 2000.

최인기. 「하나님 나라와 생명」. 대한예수교장로회 총회교육부. 『하나님 나라와 생명』. 서울장로교출판사, 2001. pp.135 - 146.

최흥진. 「신약성서에 나타난 생명신학」. 『생명문화와 기독교』. 서울: 한들, 1999. pp.171 - 189.

편집부. 「생물다양성 보전 차원에서의 GMO와 토착종자의 의의」. 『농민과 사회』 통권 29호, 한국 농어촌 연구소: 2001, pp.8 - 20.

한미라. 「생명윤리 21세기 기독교 교육의 화두」. 『기독교사상』 제506호. (2001. 2), pp.163 - 174.

황홍렬. 「NCC 21세기 신학선언에 대하여」. 『기독교사상』 제508호. (2001. 4), pp.199－211.

한국기독교 장로회 교회와 사회 위원회. 『창조 세계의 위기와 보존』. 서울: 한국기독교장로회총회, 1991.

허남혁. 「유전자 변형 생물체 및 식품의 안전성에 관한 담론 분석」. 서울환경대학원, 1999.

황광명. 「생명운동으로서의 기독교 선교」. 감리교신학대학원, 1993.

국외문헌

Boff, L. 『생태신학』. 김항섭 역, 서울: 가톨릭출판사, 1996.

Capra, F. 『생명의 그물』. 김용정, 김동광 역, 서울: 범양사, 1988.

_____, F. 『새로운 과학과 문명의 전반』. 이성범 역, 서울: 범양사, 1985.

Childs, B. S. 『구약정경개론』. 김갑종 역, 서울: 대한기독교출판사, 1987.

Foster, J. Bellamy. 『환경과 경제의 작은 역사』. 김현구 역. 서울: 현실문화연구. 2001.

Gilkey, Langdon. *Nature, Reality, and The sacred: The nexus of science and religion,* (Mineapolis: Fotress Press, 1993).

Gonzales, Justo. 『기독교사상사 Ⅰ』. 이형기, 차종순 역, 서울: 장로교출판사, 1988.

Käsemann, E. *The Testment of Jesus: A Study of The Gospel of John in The Light of chapter* 17(Philadelphia: Fortress Press, 1969).

Kittle, G. *Theological Dictionary of The new Testament* VOL. Ⅱ.

Knierim, Rolf P. 『구약신학의 과제 Ⅰ』. 강성렬 역, 고양: 크리스챤 다이제스트 2001.

Magulis, Lynn. Sagan, Dorion. 『생명이란 무엇인가』. 황현숙 역, 서울: 지호 1999.

Mekenzie, J. L. *Dictionary of The Bible.* (New York: Macmillian, 1965) 대한기독교서회, 1997.

Moltmann, J. 『그리스도가 계신 곳에 생명이 있습니다』. 채수일 역, 서울: 대한기독교서회, 2000.

_____. Gott in der Schöpfung.

_____. 『생명의 샘』. 이신건 역, 서울: 대한기독교서회, 2000.

Milgrom, J. *Studies in Cultic Theology and Terminology Leiden*: E. J. Brill, 1983.

Rifkin, J. 『바이오테크시대』. 전영택, 전병기 역, 서울: 민음사1998.

_____. 『노동의 종말』. 이영호 역, 서울: 민음사, 1996.

_____. 『생명권 정치학』. 이정배 역, 서울: 대화출판사, 1996.

Schmithals, W. 『볼트만의 실존적 신학』. 변선환 역, 서울: 대한기독교서회, 1983.

Shiva, Vandana. 『자연과 지식의 약탈자들』. 한재각 역, 서울: 당대. 2000.

Steck, Odil. H. 『세계와 환경』. 박영옥 역, 천안: 한국신학연구소, 1990.

Tillich, P. *Systematic theology III*. (Chicago: The University of Chicago Press, 1951 – 1963).

Ulrich. Grimm, Hans. 『더 이상 먹을 게 없다』. 오은경 역, 서울: 모색, 2001.

Von Rad, G. "Life in the OT". in *TDNT*. Vol. 2.

Zimmerman, Michael E. "feminism, Deep Ecology and Enviomental Ethics". *Enviromental Ethics* 9. 1987. 16 – 25.

김두흠 ···

▌약력

대불대학교 사회복지학과 졸업
개신대학원대학교 졸업
U.S.A. Bethany 신학대학원 종교교육학 석사
U.S.A. California(I.T.S.C) 박사(D.Min)
U.S.A. Shepherd University 박사(Th.D)

한국어린이선교원신학교 교수
Holy People University General Education
In The Field of Education Church Professor
바울선교신학연구원 교무처장 및 교수
한국국제 기아대책기구 전주지역 이사
법무부 보호관찰위원(목회자 협의회)
지방분권신문사 전남·북 총괄 지국장
전주 새힘교회 담임목사(합동)
한민대학교 전주학습관 관장(교수)

생명공학에 대한 생명신학적 비판

초판인쇄 | 2010년 7월 30일
초판발행 | 2010년 7월 30일

지은이 | 김두흠
펴낸이 | 채종준
펴낸곳 | 한국학술정보㈜
주 소 | 경기도 파주시 교하읍 문발리 파주출판문화정보산업단지 513-5
전 화 | 031) 908-3181(대표)
팩 스 | 031) 908-3189
홈페이지 | http://ebook.kstudy.com
E-mail | 출판사업부 publish@kstudy.com
등 록 | 제일산-115호(2000. 6. 19)

ISBN   978-89-268-1239-6 93230 (Paper Book)
       978-89-268-1240-2 98230 (e-Book)